婚姻不是归宿，幸福才是追求
男人为女人而婚，女人为自己而嫁

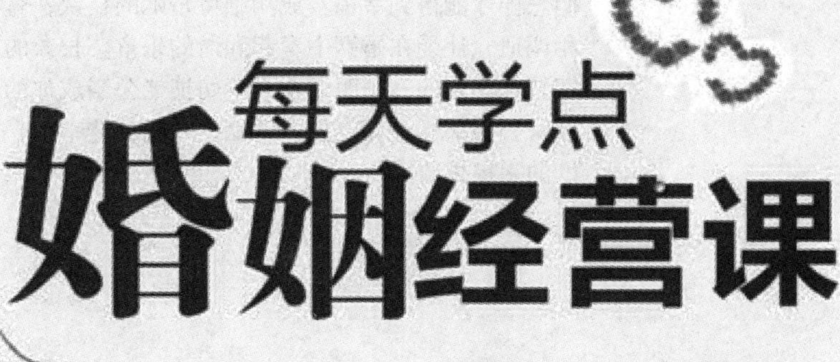

每天学点婚姻经营课

写给适婚男女的爱情能量书
和情感智慧书

李世强◎编著

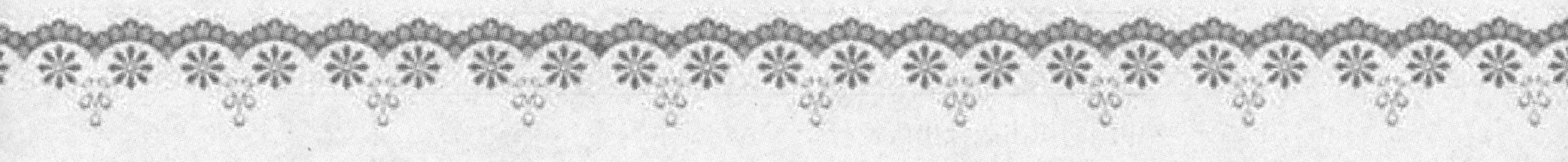

中国纺织出版社

内 容 提 要

幸福的婚姻是相似的，不幸的婚姻各有各的不幸。走入婚姻的殿堂，是我们人生的又一个起点。在婚姻关系里，我们怎样才能得到幸福？成功维持婚姻的秘诀，就在于如何互相调适，让爱在婚姻中奏起和谐的乐章。长久的幸福是需要智慧和规划的，聪明的女人不妨把老公当成你的合伙人，像经营公司那样经营你们的婚姻，共同创造幸福，努力提升婚姻的幸福指数。

图书在版编目（CIP）数据

每天学点婚姻经营课／李世强编著. --北京：中国纺织出版社，2013.7 （2024.4重印）
ISBN 978-7-5064-9564-6

Ⅰ.①每… Ⅱ.①李… Ⅲ.①婚姻—通俗读物 Ⅳ.①C913.13-49

中国版本图书馆CIP数据核字（2013）第014217号

责任编辑：徐丽丽　　责任印制：储志伟

中国纺织出版社出版发行
地址：北京市朝阳区百子湾东里A407号楼　邮政编码：100124
邮购电话：010—67004461　传真：010—87155801
http: //www.c-textilep.com
E-mail: faxing@c-textilep.com
北京兰星球彩色印刷有限公司印刷　各地新华书店经销
2013年7月第1版　2024年4月第2次印刷
开本：710×1000　1/16　印张：15
字数：179千字　定价：69.80元

前言
preface

婚姻有时候就像是一种另类的绑架，两个人在一起朝夕相处久了，就容易产生厌倦情绪。对于这一点谁也不能否认，就是所谓的审美疲劳吧。但是，有人认为朝夕相处，太习以为常了，就不用再珍惜了。这种想法就大错特错了。还有人认为求爱的时候，因为要得到彼此，所以要用各种方法讨彼此欢心，结婚以后就不需要了。这种想法也是不对的。

婚姻生活的平淡是很正常的现象，居家过日子本来就不会天天有什么惊天动地的大事，但是甘于让日子平淡如水，就是婚姻中两个人的问题了。既然两个人的感情还在，就没有必要让它在婚姻中独自冷却吧？其实人们都是需要感情的动物，只需要一点“小花招”，就能将感情点石成金。有很多恩爱夫妻成功维持婚姻的秘诀，就在于如何互相调适，让爱在婚姻中奏起和谐的乐章。

刚结婚的夫妻，彼此还存在着新鲜感，保留着恋爱时的激情；随着时间的流逝，家庭琐事越来越多，最初的激情也在慢慢淡化。当爱情逐渐升华成亲情，这中间的摩擦也可想而知。长久的幸福是需要智慧和规划的，聪明的女人不妨把老公当成你的合伙人，像经营公司那样经营你们的婚姻，共同创造幸福，努力提升婚姻的幸福指数。

很多女人在结婚后就把全部精力放在了孩子和家务上，随着时间的推移，对老公的关心和体贴大不如前，老公心中难免失落不已。久而久之，婚姻就会出现或大或小的裂痕，让你们的感情产生危机。

婚姻生活中，夫妻之间的关怀和体贴是至关重要的。有时候一句温馨的话语，一个关爱的眼神，一个轻轻的拥抱，都会使你们的婚姻生活更加和谐。有很多女人认为："两个人都在一起那么多年了，不就是平平淡淡把日子过好，哪里还有那么多讲究呢？"这种看法其实大错特错，婚姻经历得越久，就越需要用心去经营，如果你们都不讲究了，你们的婚姻也就濒临结束了。

夫妻之间最重要的就是信任。你有你的圈子，他有他的圈子；你有你的思想，他也有他的思想。不要因为他偶尔的晚归，就怀疑他在外面花天酒地，也许他只是和客户谈一个很重要的生意；不要因为他这个月少交了500块钱，就认为他包养了"小三"，也许他只是某天生病，把钱拿去买药了……既然两个人选择了"合作"，就必须完完全全信任对方，因为婚姻经不起怀疑。

宽容是幸福婚姻的基石。不管你以前是怎么样的，走入了婚姻这个"小公司"，你就得大度一些。在你善意的提醒下他依然改不掉某些无关紧要的坏习惯时，与其大吵大闹，不如睁只眼闭只眼；在他达不到你的某些无理要求的时候，不要小肚鸡肠地去指责，而应该以一颗宽大的心去包容。

经营婚姻，更要让合伙人拥有充分的自主权。千万不要试图绑住他、牵绊他，拥有自主权的他才能在他的世界里任意遨游，开阔思想，为你们的幸福生活锦上添花。

沟通是经营婚姻必不可少的一门课程。如果你用无形的绳索将他套牢，就会让他越想远离你。如果心灵上缺少了沟通，那么夫妻之间无异于同床异梦一般，进而转型为"为了孩子凑合的婚姻"，一旦在某些方面遇到了诱惑，这样的婚姻绝对会"不攻自破"。

成功的幸福婚姻不是你一个人经营得来的，你必须要有一个优秀的合作伙伴——老公，在天长日久的生活中与你互相扶持、互相理解、共同努力，才能让你们的婚姻之花越开越灿烂。

编著者

2013年1月

目　录

contents

第一辑　做一个受宠一生的女人

每个人都希望自己能得到爱人的宠爱。尽可能地创造条件让自己赏心悦目的印象在爱人心中树立，让对方真正觉得自己是“完美女人”。想要完善婚姻，必须先要完善自我。

幸福，从心态开始

怎样才算是幸福？很多女性将幸福视为自己一生都在追逐、寻找的东西，但却总是在每一次寻觅中得到失望的答案。人人都渴望幸福，究竟如何才能抵达幸福的彼岸呢？

很多女性将青春视为幸福，于是她们无时无刻不在寻找能够永葆青春的方法。但环顾四周那些如花似玉的女人，她们也充满了烦恼，担忧有一天青春远去、容颜不在，担心失去所有的关注和聚焦。

很多女性将穿金戴银视为幸福，于是拼命地赚钱。可一旦得到了，便又觉得物质上的享受远不能填补她们内心的空白，生活上的舒适和心里的幸福感怎能等价？再多的金钱也无法购买单纯的快乐和幸福。

很多女性将拥有爱情视为幸福，她们每天都幻想着像童话故事一般，邂逅生命中的白马王子，从此过上快乐的日子。可是，当她们恋爱后才发现，爱情的路上何尝不是充满眼泪和心酸。

很多女性将结婚成家视为幸福，但是当她们真的成家了以后，又会在柴米油盐酱醋茶的百味中纠结，在平淡似水的流年中黯淡了神采，丢失了青春和梦想。

幸福是什么？好像什么都可以是，又好像什么都不是。

从前有一只叫花花的小狗，它总会问妈妈幸福是什么。妈妈告诉它："幸福就是你的尾巴啊。"于是，小狗花花为了得到幸福，整天就追着自己的尾巴跑，希望逮到机会就抓住它，但是它发现无论如何它都不可能追上自己的尾巴。这时，妈妈走过来对它说："傻孩子，追什么，你朝身后看看，幸福不就一直在你身后吗？”

其实，幸福就像是花花的尾巴，是你再拼命努力也追不到的，但当你安静下来的时候，却发现它其实就一直在你身边。

事实上，幸福不是青春、财富，它不等同于任何东西，幸福仅仅是内心的一种感觉。其实幸福无处不在，只是我们缺少发现的心而已。古语有云：“平安是福”“吃亏是福”是很有道理的。能够健康地生活在这个世界上，不计伤害地为理想努力奋斗，拥抱每一天的幸福，享受与家人一起的喜怒哀乐，幸福便是如此。幸福真的很简单，自己觉得幸福，就足够了。

在杭州有一家人尽皆知的花店。说它人尽皆知，是因为这家花店的老板娘曾经是杭州市某企业鼎鼎有名的大人物。只是在她事业蒸蒸日上之时，突然作出了辞职的决定，在杭州的街角边开了这家花店。相信很多人一定很费解，为什么她会放弃收入可观的白领职位，而甘愿做一个小花店老板娘呢？当记者采访她时，她只解释说：“我不过是找到了幸福的秘诀”。

她说，尽管她以前事业很成功，但是每天都是处在神经紧绷的状态，担心这个项目出问题，担心那个项目有纰漏，担心每个月的销售额完不成，每天缺少睡眠，更没有和家人、孩子在一起的时间。工作的忙碌，使得她连孩子的生日、毕业典礼、家长会都从来没有去过，每次都只能用钱去补偿孩子。这样的生活状态之下，孩子、丈夫和她的感情越来越淡。另外，由于自己生活太紧张，饮食缺少规律，她还患上了严重的失眠症和皮肤病。医生告诉她，她必须调整自己，放松紧绷的神经，否则她的健康很难保证。她觉得自己为了工作，失去了很多东西。

一次加班后回家，天已经黑了下来还下着大雨，她开着车经过路边，只见一对年迈的夫妇，互相搀扶着过马路，两个人虽然冒着雨，但在他们的脸上却洋溢着幸福的笑容。看到这个场景她突然意识到，自己不知道已经多久没有那么开心地笑过了。她突然觉得自己所拥有的一切，车子、房子、工作，都不如那个微笑真实。就这样，她决定放弃现在这种看似成功的生活，去过真正属于自己的生活。于是，她辞掉了工作，开了这家花店，每天修修花、剪剪枝，听听音乐、看看杂志，然后回家帮丈夫做饭，为孩子辅导功课，她认为这就是她想要的。最后她说：“幸福其实很简单，我们只需要倾听自己内心的声音，然后就能得到幸福。”

在生活中我们时常会遇到很多自认为不幸福的人，原因其实很简单，就是缺乏对生活的感知和体会。幸福真的很简单，它取决于你是否感觉得到。幸福和你的金钱、地位等都没有任何的关系。也请你，永远都不要活在别人的目光中，而是要为自己的幸福努力，去追寻自己内心的感觉，选择自己真正需要的东西。

幸福不是来自周遭的任何人、事、物，而是自己实实在在感受到的。中央电视台有一档很受观众欢迎的节目《非常6+1》。在栏目中，每一期都会邀请一些极为普通的百姓来参加并展示自己的才艺。受邀请的人来自各行各业。其中有一期就邀请了一位年轻的清洁工。她虽然二十刚出头，却已经做了好几年马路清洁工了。她给人的第一印象，是一个非常美丽、活泼的女孩儿，不论是唱歌还是跳舞都很出色。印象最深刻的还是她那漾在嘴角的微笑，似乎永远都没有忧愁。当被问到“每天扫马路有没有觉得辛苦”的时候，这个女孩儿说：“不，我每天觉得很快乐。我看到自己扫得干干净净的马路，人们在上面忙碌，我就觉得很开心。我为我的工作自豪。”按照惯例，才艺表演前会播放一段嘉宾生活的简短视频，短片中女孩每天清晨三四点钟就起床，跟随清洁车，到达每一个工作地点，之后开始清扫，每天到晚上还要重新再清扫一遍才能回家。但是女孩说：“我觉得自己很幸福。”

在短片的结尾，工作人员和她在马路上走时，看到了一个清洁工正在扫马路，这个女孩儿便大方地走过去，接过扫帚就清扫起来，对那个清洁工说：“您看这么扫是不是省力又干净多了？”之后，她把扫帚还给清洁工，又在马路上开心地向前走……如此单纯、简单、快乐的女孩，仿佛有一种让人忘记一切烦恼的魔力，让人们体会到什么才是幸福的真正含义。

如果真的想感受到幸福，请放下心里所有包袱，你会豁然发现生活原本就是美好的，其实自己真的是很幸福。

幸福的大敌首先是贪欲。如果你想要的东西太多，即使自己已经拥有很多，你还是会觉得不幸福。因为欲望永远是无法满足的；其次是嫉妒，嫉妒别人的人是永远得不到幸福的；再次是消极，一个消极的人即使是在幸福中，也只能看到不幸；最后就是自卑，自卑的人只能看到别人的幸福，但是永远看不到自己的。

幸福，说到底就是良好的心态。心态好了，看什么都是美好的，自然能够更容易感受到幸福。心态不好，看什么都不舒服，自然离幸福越来越远。那些看起来幸福的女性，无不是有个好的心态。

影视明星赵雅芝，在别人眼里应该是幸福的典型。年过五十的她，可以说拥有了所有女性想要的一切：家庭、事业、美貌。50多岁的她有两个儿子，有爱她的丈夫，而且容貌看起来似乎永远不老。人们都纷纷追问她幸福的秘诀是什么，她回答道："就是尽量保持好的心态。"心态好了，人内心的牵挂就少，人就越容易显得年轻。这就是为什么我们周围的很多女性有的看上去很有活力，而有的看上去却很苍老的原因。因为想要的东西太多，失去了自己曾经的纯真，所以很难再感受到幸福。赵雅芝虽然在影视界走红多年，但是她的性格、心态是出了名的好。她从来不跟别人吵架，也从来不计较功名利禄，她温文尔雅、彬彬有礼，对待任何人都友好、和善，她内心没有杂念，没有负担，也就显得更年轻、更有朝气。

可见，心态越简单就越幸福。有一天，你决定放弃一切抱负和杂念转而去享受内心的平静的时候，或许太阳照耀的每一缕阳光，身边呼吸到的每一丝空气，都会是幸福的。

爱他，就包容体谅他

风雨同舟的夫妻一路走来，实属不易。在婚姻的长河中，少不了磕磕碰碰，偶尔出现的小吵小闹也只是生活的调味品。要维持一段幸福的婚姻，光是两个人相爱是不够的，因为爱情会随着时间的流逝渐渐变淡，会因为一些琐碎的事情让人们忘却它，因而，在遇到矛盾或者一方心情不好的时候，就会不管不顾。所以，要延续幸福，除了爱，夫妻间相处更重要的还是相互的体谅和包容。

难怪有人说："婚姻是一本书，第一章写的是诗篇，而其余则是平淡的散文。"其实，婚姻不会总是一路坦途，必定会有崎岖坎坷。婚姻需要激情，也需要平淡。因为激情，茫茫人海中两个原本陌生的人相爱了，然后结婚生子。婚姻生活开始了，要想把婚姻生活维系得长久绝对不是一件简单的事情。

所以，婚姻的真谛就是平淡。在这份平淡中，我们可以看到最初的激情，浓浓的爱意，还有相依相偎的款款深情。这份平淡不是淡漠，而是一种爱情的升华。

有个浪漫的女人喜欢上了一个稳重踏实的理科男，每当她依靠在他肩头时，心中总会涌动着一种幸福的感觉。恋爱3年后，他们开始了婚姻生活，日子也就平淡地过着。

渐渐地，女人对这样的生活产生了厌倦。她感性，天生喜欢浪漫，而丈夫偏偏却不善制造浪漫，让女人感受不到一丝爱的气息。

某天，女人鼓起勇气提出离婚。男人默默地抽着烟，一句话也没有说。女人感到心里凉凉的，她想：这个男人连婚姻都不敢挽救，我还有什么可值得留恋的。

过了很长时间，丈夫问："那我要怎么做，才能让你改变主意？"

看着丈夫的眼睛，女人慢慢地说："你回答我一个问题，如果答案能让我满意，我就会改变我的想法。比如，我喜欢天上的星星，你会摘给我吗？"

男人沉默片刻后，说："我可以明早再给你答复吗？"女人的心彻底凉了。

第二天早晨，女人只看见了一张纸条，她想：这应该是丈夫的留言吧。

"亲爱的，我不会为你去摘天上的星星。我有我的理由：因为天上的星星根本不可能摘下来，如果我答应你的话，就是在骗你。我不想骗你，但我很爱你，我又不知该如何去做，我只能说，我要好好活着，等你老了，照顾你一辈子，为你画眉，为你做饭，和你一起慢慢变老……所以，为了表达我对你的真心，我不能答应那个不切实际的愿望，如果我答应你了，那就代表我以前对你都不是真心的……"

看完后，女人流泪了。"亲爱的，如果你读完了这封信，你对这个答复要是满意的话，请打开门，欢迎你的爱人回来，因为，我现在在门外拿着你最爱吃的早餐等着你。"

打开门，丈夫略显羞涩地站在门外，笑容很灿烂。

此刻，女人觉得自己是这个世界上最幸福的女人。

是的，在平淡的婚姻生活中，我们往往因渴望激情浪漫的心灵而忽略掉平凡的爱意。爱不是一种固定的模式，表面的浮华只是生活中的一点点缀而已，隐藏在它们下面的平淡，才是一种最真实的状态，才是女人要的幸福生活。

女人感性，爱追求浪漫本不为过，但是一味地苛求，甚至不珍惜眼前的幸福，那么，她的结局就可能是悲剧。

陈金元和老伴马顺英携手走过50年的婚姻旅程，生活看似平淡，但却细水长流。每日清晨时分，人称"四叔""四婶"的陈金元夫妇牵手漫步到运动场地，四婶在球场晨练，四叔便在旁边陪伴。他们的恩爱羡煞朋友。这对金婚夫妻的恩爱秘诀究竟是什么，四叔四婶的回答是这样的：“婚姻美满的秘诀就是互相迁就，互相体谅。”

婚姻中出现摩擦是难免的，那么，互相体谅就可以称得上是摩擦时的“润滑油”。在琐碎的生活中能够相互体谅的夫妻必定能相亲相爱。只要互相体谅，就算发生再大的矛盾也能心平气和地去沟通，去化解。人们常常用“情感的银行”来形容婚姻，不懂得婚姻之道的人，往往会亏得血本无归。只有懂得经营婚姻的人，才能收获婚姻的“幸福利息”，因为婚姻的利息就是体谅。

两人既然走到了一起，就要好好珍惜，就应该换位思考，多一些关心，少一些埋怨，多一分微笑，少一分冷酷。作为男人，应体谅女人上班、带孩子、做家务的辛苦，尽量帮女人做些家务，多说些温暖的话语；作为女人，应体谅男人肩负的压力很大，家是他温馨的港湾，应多给予生活上的照顾，精神上的关心，埋怨和唠叨只能增加男人的压力和精神负担，男人也会不自信。作为女人也不要太小心眼了，如果说男人不喜欢你，当初他怎么愿意把你娶回家呢？男人说别的女人好，有时是希望你像某某一样具有温柔贤惠的性格，是因为爱你，所以才想让你越变越好。

夫妻之间要相互体谅才能与子偕老。体谅是一个很简单的词，但是化为行动时却很难。有一首歌这样唱道：“我能想到最浪漫的事，就是和你一起慢慢变老……”想牵手一起走到老，那一定是需要彼此相互理解、相互体谅的。体谅可以使彼此的信任度增加，体谅可以让你的婚姻保值，体谅可以使你心胸变得更宽广，彼此体谅，你们的婚姻生活才会拥有更多的快乐！

 浪漫是女人的一种温柔

美也许有一些先天的成分在里边，但浪漫就全是后天的功夫了。怎样在飞逝的时光中保持自己的激情和青春？浪漫的“润物细无声”就是最好的方法。

婚姻就像瓷器一样易碎，但浪漫可以像黏合剂一样把它黏合得天衣无缝；婚姻也像是经营生意一样，成本就包括浪漫，有了浪漫，它会给你带来翻倍的效应。聪明的女人总是懂得在生活中处处制造浪漫，每天都给婚姻生活注入活力和新鲜感。每一次浪漫都是一份惊喜，它也许并不起眼，却能抓住老公的心，让他更爱你。

知道为什么很多男人在爱老婆的同时，还会找情人吗？这样的男人也只会悄悄寻找，因为他们并不想把家庭牺牲掉。一则是老婆所拥有的特质是情人不具备的，但他能从情人那里找寻到刺激。二则是老婆的某些东西，是情人无法给予的。很难说两者之间哪个更重要，但最圆满的方法就是将两者合二为一。换而言之，若要保持对老公长久的吸引力，在做老婆的时候，一定要保留一颗情人的心。

有一对年近半百的夫妻，结婚多年，感情依然非常好。妻子经常会和老公做一个游戏，那就是将一个写着单词“SHMILY”的卡片悄悄藏在家里的某个角落，衣柜的角落里、厨房的碗柜里、卧房的床垫下，都有它的身影。当老公偶然发现这张卡片，就会会心一笑。他们的孩子觉得这就像是一个寻宝游戏，非常好玩，但是他们并不知道这个单词所代表的意思，夫妇俩被问到时也总是笑而不语。但他们隐约觉得，爸爸妈妈之间的感情

如此好，一定与这个游戏有很大的关系。后来，他们知道这个单词其实是“让你知道我有多爱你”的英文缩写。

婚姻就好比商品一样，如果你不对它做维护、保养，没有了当初购买它的那种新鲜感，即便东西再好，早晚也会有出问题的一天，到那时，再想到售后服务，已经晚了。

女人一生中的事业就包括婚姻，想要赢得幸福，就必须懂得如何经营。其实说白了，婚姻之道就是二人的相处之道，而如何去爱就是这相处之道中的关键。只有懂得如何去爱，才能将婚姻经营得生机勃勃，这需要女人掌握做妻子的艺术，懂得随时制造浪漫的女人才是最聪明的女人，也是最有女人味的女人。

婚姻是在浪漫与现实中交错穿行，没有固定的模式，只要你感觉到踏实和幸福就已经足够了。共同奋斗、兢兢业业并不是婚姻旅途中的唯一，浪漫是串起幸福之珠的线索，婚姻不是浪漫的终结。

婚姻像两个人一起出海航行，需要彼此的关怀、真爱、体贴、依赖、鼓励……不时地浪漫一下，会让平淡的航程平添几分精彩。

你平时可以偶尔制造点浪漫和激情，令你们的婚姻生活更有生气，让爱情之树历久常青。发挥你的智慧才能创造出激情和浪漫，举例来说，就像二人世界的烛光晚餐，把写好的甜蜜卡片提前放在老公枕头上……记住：魅力四射的女人懂得在婚后制造浪漫，享受浪漫，而男人只会对这样的女人着迷，他会时时刻刻都想着你。这样才能抓住男人的“爱”。

女人要学会塑造自己

独立的女人懂得为自己而活，她们深知对生命的最大尊重就是以本色活着。相信一句话，女人不要为任何人而活，更不要为任何人作出改变，包括你的爱人。你可以为他献出生命，但是一定不能为了迎合他而改变自己。

一个女人爱着一个男人的时候，男人的喜好会潜移默化地影响这个女人，女人会尝试着为男人改变自己，对着装习惯、发型、说话音量等的改变，都是为了迎合这个你喜欢的男人。

其实，不需要为了你爱的人改变自己，如果那个人真的爱你，在你们相爱的时候你的优点就会被无限放大，他会忽略不计你的缺点，甚至会认为你的这些缺点是你的可爱之处，正所谓“情人眼里出西施”。

她24岁的时候，和男人第一次约会。

她受邀男人的饭局，男人问她：“能喝什么酒？”

她说：“啤酒吧，啤酒喝起来很痛快。”

她和男人频频推杯换盏，就像哥们儿一样。

看着她，男人傻傻地笑着。

她问男人：“你认为我是个怎样的人啊？”

男人说：“我喜欢的类型是那种温柔贤淑的。”

她二话不说，扬长而去。

她第二次和男人约会是在26岁那年。

男人说：“去吃烧烤吧，怎么样？”

她问男人：“那你先回答我，你觉得我怎么样？”

男人答道：“我觉得吧，你就像我哥们儿一样。”

后来，她和这个男人真的就发展成了好兄弟。

当她30岁生日那天，她才惊觉时光飞逝，转眼她已经迈入了奔四的行列。女人就像花一样，一旦错过花期，即便招展，也耐不住寂寞。看着朋友们一个个都做着好妻子、好太太，她有些茫然失措了。

这一次，她决定妥协，改变自己，做一个淑女。

男人一边喝咖啡，一边看着她笑。

他说：“你的性格，率真、自然、从不隐藏自己是我最欣赏的。”

她想：这是损我呢，还是夸我呢。那是以前了，现在我和以前不一样了。

她小心翼翼地回答着男人的每一个问题。她喝咖啡的速度不紧不慢的，甚至连抬头看男人的时候，都显得娇羞无比。整个晚上，她的表现和之前简直是判若两人。

第二天，她在网上问他：“你认为我是个什么样的人啊？”

他说：“一直听朋友说你是个豪爽的人，有话直说。但见面后才发现你其实并不像他们说的那样。我这个人很简单，不喜欢女人藏得太深。”

这次，她输给了自己。

女人让自己适时作出改变是没有错的，这样会增加自己的魅力，但如果一味为了爱情去迎合他而改变自己，注定得不到真正的爱。

生活在这个多样的世界里，没必要为了别人而刻意地去改变自己，对女人而言，更是没必要为了男人的好恶而放弃自己原有的秉性。男人之所以被女人吸引，是因为这个女人与众不同。如果女人让自己变得都不像自己了，那这个女人还会有什么呢？又能期待男人爱你什么呢？

杨倩是一个很有个性的女孩，眼神里有一股别的女孩儿没有的东西。她独立，看不惯很多的人和事，甚至很骄傲。

杨倩一毕业就和自己心爱的男人结婚了。婚后，仿佛不需要任何训练，她总是下意识地把自己最好的那一面展现给自己的老公，温柔、善良、优雅。老公喜欢温柔可爱的女孩，她便从不向他表现自己有棱角的一面。他总喜欢说："你真是个好老婆，温柔得像一只小猫。"这就是她想听到的，温顺、乖巧、依赖感十足。

过了一段时间，当爱的锁链开始松动时，真实的她慢慢浮出了水面。

杨倩有时候很尖锐，甚至有点刻薄。她满腹才华，却在结婚后一个字也写不出来。

她内心深处是渴望周游世界的……就这样，杨倩的性格终于让她爆发了。她不告而别，一个人去了青海、西藏。一个月后，她风尘仆仆地回来了。老公对她的变化措手不及，觉得这根本不是自己之前娶的好老婆，失望至极之下，和杨倩在离婚协议书上签了字。

杨倩一点都不后悔，因为那个男人根本不适合自己。虽然曾经爱过，但是那段迷失了自己，为他作出种种改变的日子真的很痛苦，她觉得要是一辈子都这样演戏的话会很难受。理智战胜了爱，最终她选择了为自己而活。

女人一定要保留自己与生俱来的一些个性，你可以变得漂亮、端庄、大气，但是千万不能失去自己。最最重要的一点就是不能为别人而改变自己。当你变得不是自己的时候，你会感到活得很累，很苦，没有乐趣，甚至会讨厌那样的自己，一个人一旦被自己所讨厌，那么还会有人喜欢你吗？

与相爱的人相处，需要的是相互宽容，相互理解，为爱妥协。记住是相互，不是单方面，而是两个人的事，不是"我"的事，是"我们"的事。

真正的爱情是两情相悦，如果他爱你，就会爱你的全部，即使有不足的地方，在他眼里也是无关紧要的。真正爱你的他不会让你迎合他的喜好。所以女人只有活出自己的精彩，才会更加吸引人。

 用爱和宽容构建幸福生活

张爱玲说：“因为爱你，所以宽容；因为懂得，所以慈悲。”

于是伤心的，或是不伤心的，曾经恨的，或者不恨的，都已不再重要，因为你们之间还有爱，一切的伤心只有默默隐藏起来，让眼泪流在心里，让委屈化作空气。

今生成为夫妻，是前世修来的福分，要懂得珍惜。婚姻生活中难免会有磕磕碰碰，难免会把对方伤得伤痕累累，此时最需要的是爱和宽容。

有人说，夫妻之间首先要有爱，然后发展为理解和宽容，如果达到了这个境界，夫妻之间就能和睦相处，快乐地一起生活了。

爱和宽容看似简单，其实是很难做到的。许多热恋中的男女都会这样说：“我们彼此因为深深相爱，所以才会想到结婚。我们相信，有了爱，无论生活中出现任何困难，都会相互扶持，相互包容。”他们真的会做到这些吗？看看他们的婚后生活就知道了。

有这样一对男女，见面之后迅速被对方吸引，很快就建立了恋爱关系。处于热恋中的两个人朝夕相处，情投意合，大有相见恨晚的想法。于是，他们都觉得自己已经深深地爱上了对方，并且认为自己会包容对方的一切，即使是缺点和不足。尤其是女人，她觉得眼前的这个男人绝对是自己这辈子要找的人，认定他就是一个好男人。

于是，处于热恋中的两个人很快就结婚了。婚后生活很幸福，但美中不足的是，他们结婚好几年，依然没有一个孩子。后来，两人在男方父母的逼迫下，不得已去医院检查了身体。结果是女人没有任何问题，而男人

患有生殖系统疾病，从而影响到生育。

从医院回家的路上，男人的神情很沮丧，女人明白，他是怕面对家中的父母，还有其他人的另眼相待。于是，回到家里，女人主动向家里承认，是自己不能生育。女人的话引起了很多人的异议，甚至还有公婆的白眼。看着周围人的反应，女人很痛苦，她想男人肯定不会让自己受这么大的委屈，一定会挺身而出，说出事情的真相。

然而，男人并没有这样做，他有时也顺从父母的建议，当着他们的面，逼迫女人吃一些连名字都说不上来的中药。当一碗碗中药下肚，女人才真正看清了自己的爱人。她开始恨这个男人，恨周围给她白眼的人。明明是这个男人的错，为什么自己要承担这所有的不公?

人的思想和感情是复杂的。两个人能真正爱惜并宽容彼此，实在是一件不容易的事情。婚前，因为两人都处于疯狂的热恋中，常会把那种一时的“热情”当作是真正的爱，其实真正深爱的成分是很少的。于是，到了结婚之后，两人由梦境似的恋爱，回到了清醒而残酷的现实生活之中。此时才很惊异地发现，对方并不是自己的白马王子，而自己也不是他的白雪公主。

从此之后，他们的眼睛越来越亮，心也越来越细，他们从彼此一点点的言语、行动之中发现了对方的缺点，因而越来越沮丧，开始觉得自己原来看错了人，甚至后悔起来。于是，发现婚姻缺陷的两人，先是吵架，然后不得不承认“自己当初看走了眼”，最后各奔前程。

无论对方多么无能，无论你觉得自己是如何地“看走眼”，既然爱了，就要给对方多一些慈悲和宽容。毕竟，夫妻生活的天空里，不仅有蓝天白云，还有狂风骤雨，只有相互宽容，相互扶持，才能让婚姻之路走得更宽、更远。

有这样一个很有寓意的小故事:

在一对新人结婚的那天，他们收到了双方亲友们送来的精致贺礼，而新娘的妈妈却将一双旧鞋作为贺礼送给了他们。这对新人很是尴尬，相互看了一眼。新娘的母亲微笑着说:“新婚和穿鞋有相似之处，看起来新鞋很漂亮，但你的脚并不一定适合它，它常常会使你脚痛，走路不便，甚至还会磨出血泡，所以穿新鞋的时候一定要学会忍耐。过了很久之后，你的痛苦会慢慢消失，那时这双鞋子虽然没有新鞋子那么好看，但已经是完全适合自己的脚了。希望你们在今后的婚姻生活中，如果有争执或矛盾的发生，就想想这双旧鞋的启示，或许会对你们彼此之间暂时的不能相容，有一点帮助。”

夫妻之间吵嘴、闹别扭，甚至打架，都是很常见的事情。新婚夫妇大多数就像穿新鞋一样，难免产生摩擦，所说我们要彼此包容，并且在包容中去了解对方、体谅对方、适应对方，慢慢地就发现变得和谐统一了。而这种境界就是婚姻中的最高境界了。

忍让，婚姻更加幸福

夫妻二人朝夕相处，难免会产生矛盾，这时要学会忍让。正如一位婚姻专家所说："婚后生活最重要的就是忍让。"

何为忍让？忍，就是把自己冲动的感情控制住；让，就是谦让。也就是说，当夫妻中的一方发脾气或情绪烦躁的时候，另一方最好采取忍耐、谦让、避开的方式，或者查明原因，以帮助对方缓解情绪，这样才能营造一种和谐、幸福的婚姻生活。

有一对很恩爱的夫妻，他们的个性都比较倔犟，吵架时都不愿意服软，更不会互相忍让，他们的婚姻因此濒临破裂。眼看着日子越过越僵，为了和好，重拾昔日的爱情，夫妻俩打算做一次浪漫之旅，并且约定，如果这次旅行能够找回原来的感觉，他们就继续一起过，如果不能就和平分手。

在这场旅行中，夫妻俩首先来到了一条山谷。这是一条东西走向的山谷，没有任何特别之处，唯一引人注意的是北边山腰中有一棵参天大树，那便是雪松。傍晚，天下起了大雪，无法下山，夫妻两人便在这里支起帐篷。

望着纷纷扬扬的大雪，他们发现由于风向的关系，山腰北边的雪总比南边的雪下得要大、要猛、要密。过了一会儿，北边山腰上的雪松上便落了一层厚厚的雪。然而，当雪挤压到一定的程度，雪松那富有弹性的枝丫便向下弯曲，直到雪从枝丫上滑落。这样经过反反复复地弯落，雪松一点也没有损伤。

细心的妻子发现了这一现象，就对丈夫说：“北边的山腰上肯定也生长过其他的树，也许它们没有雪松的弹性，不会弯曲，被大雪给压折了。”丈夫点点头，表示同意妻子的看法。过了片刻，两人仿佛明白了什么，激动地拥抱在一起。他们兴奋地诉说着一个关于婚姻的秘密：婚姻生活中，在面对压力时要尽可能地去承受，在承受不了的时候，学会弯曲一下，像雪松一样让一步，这样婚姻就不会被压垮。

确实，大自然中的参天大树尚且如此，生活中的人也应如此。像雪松一样懂得弯曲，学会主动退让；还要懂得给对方留面子，不应该抓住对方的错误不放。不要赢了暂时的口角而输了一辈子的幸福。

所以说，哲理就蕴藏在这弯曲之中，它并不等同于毁灭，而是顺应和忍耐。生活的艺术就是弯曲和忍耐。做人的本领就是懂得弯曲和忍耐，这不仅仅是一种本领，更是一种境界。当然，这一本领、这一境界在夫妻两人的世界里，更加需要。所以，忍让是一种修养，一种胸怀，一种高尚的品质，更是一种对伴侣深沉的爱。

学会忍让，就要学会宽容，有一种宽容的态度，能时刻保持平常心，能够看到对方的缺点和不足，能够做到不计较、不埋怨，多想想对方的优点，保持心理平衡；奉献精神是学会忍让的一个必不可少的法宝，这样才能够站在对方的立场去思考，从而做到生活上互相理解，工作上互相扶持，这样才能让夫妻之间的感情不断增进，进而让家庭变得更加和谐幸福；学会忍让，就是用爱来包容对方的缺陷，给爱人一个改过的机会，给他一些反省的空间，在无声之中将爱释放出来。

当然，学会忍让，不是向对方表示屈服，而是为了更好地站立。忍让是为了退步之后的宽广，是为了让生命变得更加坚强，它并不等于毁灭。

懂得弯曲也是大丈夫的行事风格。韩信忍受胯下之辱，最后成为人人敬佩的一代名将。身为男人，韩信这种做法并不是卑躬屈膝，相反，这是人格意义上的一种超脱。忍让是为了不放弃远大的目标。试想，假如韩信当时在一怒之下提剑杀人，那么，双方必有一场恶斗，就算是韩信赢了，也会摊上一身的官司，终落得个杀头之罪，将自己的大好前程葬送。所谓

“小不忍则乱大谋”，有时候，适当地忍让是一种理智。忍让不等于妥协，忍让是一种战胜困难的理智做法。

生活中，夫妻相处也需要这种忍让的气度，夫妻也需要一点弹性的空间，这也是家庭和睦相处的最好方法。适当地忍让，可以让你们难以解决的问题和争吵戛然而止。那么，婚后的相处，也会变得和谐融洽。

 婚后，也不要停止对美的追求

很多女人在结婚前十分注重穿着打扮，总是给人留下自己最靓丽的一面，但是婚后，就渐渐变得懒散起来，常常随便把头发一扎，衣服也不挑随意穿一件就出门了。

婚后的女人们，没有发现眼角的皱纹越来越多，因为不去照镜子，所以她们看不见自己的头发就像鸟窝一样，她们更不可能发现她们服饰搭配的问题。

丈夫们从未放弃对美的追求，可妻子们却停止了对美的追逐。当女人们一再抱怨丈夫对自己的关注度不够的时候，当女人发现丈夫有了外遇的时候，请静下心来想想，难道都是丈夫的错吗？为什么自己从没有满足过丈夫的眼光需求？

如果你已经足够贤惠，那么就再努力把自己变得更美一些，这样你的男人才会宠爱你一生。

45岁的秀依结婚已经20年了，但结婚这么多年，秀依和丈夫还像以前一样恩爱有加。

丈夫常常加班，一般情况下，秀依先是自己吃一顿饭，然后等丈夫下班之后，再陪丈夫吃一顿。为了让身材保持苗条，她通常都要在饭后一个小时做运动，饮食十分规律，因此即便吃两顿晚餐，也没有让秀依的身材变得臃肿。

秀依很会化妆，就是周末休息在家，她也会化淡妆。朋友问她，都这么大岁数了，化妆给谁看啊？秀依笑着说："当然是给我丈夫看了。正是因为岁数大，我看自己的脸都难受，更别说我丈夫了。他肯定不希望自己的老婆是个黄脸婆。所以化一下妆也会让我变得更有自信。"

秀依平时和丈夫外出最注重自己的笑容，一定都是以自己精神状态最好的一面展示给大家。看着这么光彩夺目、气质优雅的妻子，丈夫心里自然是高兴百倍，也会觉得自己更有面子。

在朋友的眼里，秀依这样活着真是太累了，但是她们又觉得秀依这样做是有一定道理和价值的。所以，秀依和丈夫走过二十年的婚姻生活依旧像以前一样恩爱有加，真是让旁人羡慕不已。

人们常说女人在恋爱中最美，在婚姻中变得憔悴。很多已婚女性都这样想过：既然已经结婚成家了，就没有必要再费心机去吸引丈夫的眼球了。这些已婚女性就开始变得“抠门”起来，不再买漂亮的衣服和化妆品，更加不注意自己的言行；加上结婚后的生活重担，最终在飞逝的时光中，慢慢变成了“黄脸婆”。

为家庭作出牺牲的妻子，她们的结局有两种，一是得到丈夫的尊重和爱，二是换来丈夫对自己的背叛。那些走上背叛之路的丈夫们都爱用这样的词语来形容为家作出牺牲的妻子，例如“黄脸婆”“丑八怪”“愚蠢的女人”等词语。

对男人产生很大影响的要属女人婚前婚后形象上的差异了。虽然人们总说“家有丑妻是个宝”，但是，男人并没有把“丑妻”当作是宝。“丑妻”对于男人而言很“安全”，对于女人而言就没有那么“安全”了。当一个女人渐渐失去她的魅力，逐渐变丑的时候，她在婚姻中的地位也就岌岌可危了。男人总说你的容貌并不是他在乎的，但当你变得美丽的时候，他们也不会不习惯，反而觉得这是一种惊喜。

在《家有喜事》这部贺岁电影中，吴君如所扮演的妻子是最贤惠的，一家老小都要靠她。此后，她好像超人一样，光是一餐早饭她就能做出五个人的口味，家人想吃什么，她都可以立即去做准备。

可是这位贤妻，在穿着和打扮上真的是不敢恭维，整日蓬头垢面，穿衣打扮很不讲究。丈夫带她去高档场所享受，她却嫌贵，最后把老公拉回家。

最后她发现丈夫有了外遇，丈夫给出的理由竟然是自己没有情趣、没有形象，两人最终离婚。受到离婚的打击后，妻子终于有了觉悟，她决定要转变。她“摇身一变”，竟然成了一位艳丽四射，高贵优雅的贵妇。再与丈夫相遇的时候，丈夫也感叹前妻的变化，突然觉得自己还是爱着自己的前妻，而他一生最适合的伴侣也非前妻莫属，因此，他开始反追前妻。

一位丈夫曾这样说过：“婚前，她的头发很漂亮，可能是我有‘长头发’的情结，所以，她那时候故意迎合我，留了长发，真的是太美了！那个时候，我常常会忍不住去亲吻和抚摸她的长发。甚至那个时候，我一度认为她都可以去做洗发水的代言人了。可是结婚后，她就剪掉了长发，留成了短发，说是这样好打理。虽然她短发也好看，但我终究还是更喜欢她长头发的样子。”

还有一个男人说，自己喜欢的女子是化淡妆的那种，因为生活态度就在化妆中凸显出来，会化妆的人说明注意自己的形象，画淡妆的女人更会注重自己的形象，而这样的女人也必定是对生活有热情的人。

婚前，素颜也许会吸引住男人，那是因为有年轻“打底”。但婚后，当女人失去美丽的时候，因为有了家庭让自己忙于家事而疏于打扮，因为生育让自己的身材走形，丈夫如何会对这样形象的你宠爱呢？因此，女人想要幸福，秘诀不仅仅是做一位“贤妻”，还要懂得如何把自己打扮成一位“美妻”。

变身“美妻”，是需要一些外在的东西来修饰自己的，得体的服饰、适当的妆容、优雅的仪态都是应该注意的。

这个世界上根本就没有丑女人，变丑的原因只有一个：那就是她懒得打扮自己。只要女人肯为自己的形象付出一些辛勤，那么，她的形象肯定会大有改观。

从容地去应对家务，你不必天天化妆，但你应该有一套适合自己的护肤品，懂得护肤，懂得保养自己；你不必天天把心思都放在穿衣购物上，但你必须牢记在适当的时候，一定要给自己添置一些适合的衣物。经常做运动，或是学学跳舞、练练瑜伽，这些都对你的形体保持有所帮助，还能让你变得更有气质。

女人投资给外貌和气质方面，其实就等于是为爱情做投资，这样做，无疑会让你的婚姻生活变得更加和谐幸福。

 幸福只垂青乐观的女人

每个女人都希望自己能成为男人宠爱的公主，就像宝贝一样，被男人永远小心翼翼地捧在手心里。但是，很多女人在婚后，经常抱怨着丈夫的种种不堪，从没有想过问题是出在自己身上，进而心态产生了变化。

婚后的生活，对于大部分女人来说，都是疲倦和乏味的。“执子之手，与子偕老”的故事只会出现在童话和诗歌里边。但是，既然当初双方选择了婚姻，对于一个有责任感的女人来说，一定要端正心态乐观对待婚后的生活，让自己和自己的另一半都幸福。

原来的他，个性简单随性，他喜欢在下班后和邻居一起下棋。最开始，邻居来家里下棋的时候，她总是表现得和蔼可亲，礼数周全。总之，他的面子被她撑起来了。

可是，渐渐地，她越来越不喜欢他在下班后和邻居一起下棋了。她觉得是那么沉闷，那么无趣。于是，邻居再来家里的时候，她的脸总是板着，即使丈夫催促她去倒杯茶水，她还是坐在那里无动于衷。甚至，后来，她还当着别人的面指责男人没本事，除了下棋，别的事情什么都不会做。

从那之后，他再也没有请邻居来家里下过棋。棋瘾犯了的时候，就去邻居家里。当然，以往他看她时眼中那种深深的火热，那种绵绵的情意也随之一去不归，夫妻关系一下子变得冰凉冷漠。

那个礼拜天，手捧着丈夫当年写给她的情书，她的眼泪无声地一点点滑落。原来，丈夫懂得爱，也有过温情且浪漫的时候。

后来，她调整好自己的心态，重新翻出了许久不下的象棋，并主动登门邀请邻居和丈夫下棋。她又像以前一样洗丈夫的衣服，做丈夫最爱吃的饭菜。她用一种积极乐观的态度迎来了他们婚姻上的复苏。

心态乐观就像沃土一样给女人提供所有的美德养分，让心灵变得更加洁净。偶尔改变一下心态，将所有对他的不满都化作积极向上的动力，就会发现，原来一切还是和从前一样的美好。

外表漂亮的女人不一定美丽，乐观的女人却有一种别样的魅力。她会放纵自己，让自己尽情享受生活的乐趣，又清醒地保持灵魂的明净，让他不知不觉想要靠近你。乐观的女人总是能在乏味的婚姻生活中找到一方绿洲，让生活充满生机。

李兰在同事眼中是最幸福的女人。她的腿虽然有些残疾，但坐在她身边你就会被她那种温和、乐观的情绪所感染，所以你会感到特别舒服。对于一个女人来说，残疾已经很不幸了，家庭有一部分有残缺的话，那么“乘虚而入”的就是生活中的那些风雨，但是李兰的家庭却非常幸福温馨。她和丈夫的感情非常好，这一切都是因为她的心态好，总是乐观地对待生活，她从不把自己看作是一个残疾人而给丈夫增添心理压力，因而她获得了丈夫的主动关怀和爱护，让婚姻生活充满了阳光。

心态乐观的女人会开出生命中最美的花朵。女人只有在心中播种美好和希望，珍惜和掌握自己的命运，以乐观的心态对待婚姻生活的种种，生命的旅程才会一路欢歌。

也许你已经对现在的婚姻生活感到疲倦，也许你觉得现在的老公和结婚时判若两人，也许你总是不满现状，那都是因为你的心灵被乌云遮住了阳光。聪明的女人一定要学会乐观面对生活，当你的心境发生变化，心态积极向上时，你就会发现生活到处都是明媚宜人的阳光。

即便是在乌云的笼罩之下，心态乐观的女人也会对未来充满了美好的向往，她们从不会为了暂时的不快而一直悲伤下去；不管她生活在什么样的环境中，都会觉得生活很快乐，生命很美好；即使未能锦衣玉食，也无碍于她的尊严；她不仅自己感到快乐，也给家人带来快乐。

在漫长的婚姻道路上，乐观积极的心态是女人必不可少的，它是一个渴望幸福婚姻的女人必备的条件，乐观的心态可以让你发现平淡的婚姻生活中被忽视的美好。因而，一定要让它扎根在你的灵魂深处，跟随你的心脏一起跳动，和你的血液一起流淌。

赞美是婚姻的黏合剂

欣赏和赞美是夫妻关系的黏合剂，是栽培好男人的优质土壤。千万不要吝惜你对丈夫的夸奖，男人一分好，你要夸三分，这样绝对会收到意想不到的效果。要使家庭美满，欣赏和赞美是必不可少的，这会让对方时刻感受到你的爱。

当他辛苦一天回到家后，真诚地送上一句“你辛苦了”，他会感到无比幸福和温暖；当他端着可口的饭菜送到你面前时，千万不要忘了说声“谢谢”；当你依偎在他宽阔的肩膀避风避雨时，当你心中的坚冰被他温暖的目光融化时，你也不要忘了说声“谢谢”。用你的言语绝对能夸出一位好老公，只有不吝惜你的赞美之词，才能让他感受到你浓浓的爱意，婚姻才会变得更加幸福、美满。

汤姆·琼斯顿的一条腿因为战争落下了残疾，腿上疤痕累累。但让他感到欣慰的是，他还能够从事他喜欢的游泳运动。

一个星期天，也就是他出院以后不久，他和他的太太去海滩度假。琼斯顿先生在做完冲浪运动后，躺在沙滩上享受日光浴。不久，他发现大家都用异样的眼神盯着他看。从前他并没有觉得自己的腿有多显眼，但是现在他知道了。

第二个星期日，他的太太提议他再到海滩去度假。这次琼斯顿拒绝了太太的提议，他宁可待在家里也不去海滩。他太太却不这样认为。“汤姆，我知道你不去海滩的原因。”她说，“你开始对你腿上的疤痕产生自卑了。”

“我承认我太太说得对，”琼斯顿先生说，“然后她向我说了一些我一辈子也不会忘记的话，这些话使我的心里充满了喜悦。她说：‘汤姆，你腿上的那些伤疤是你勇气的象征。是这些疤痕让你赢得了光荣。别遮掩它们，这些疤痕是你的骄傲，是它们让你得到了军功章。现在就出发，咱们一起去游泳吧。’”琼斯顿这次认同了太太的说法，他心中的阴影也因为太太的赞美之词而消除，甚至让他有种引以为荣的感觉了。

赞美是一件很棒的事情，如果你觉得他很好就应该说出来，琼斯顿太太的话让丈夫得到鼓励，消除了他心中的阴影。赞美的力量是正面的，它就像是一盏指引在暗夜里行人的明灯，因为它的存在让人生有了更大的勇气。

相反的，如果你只会挑他的毛病，再怎么爱你的男人，也会对你产生不满。

小婷跟林峰结婚两年，有房有车，日子过得还算滋润。突然的婚变却让小婷措手不及，可林峰一直坚持。离婚的事在一周内匆匆解决，林峰如此快的办事效率让小婷觉得他在外面有了女人。

林峰的同事张鹏，经常带着老婆出去玩。这让小婷非常妒忌。小婷多次跟林峰说起她的感受，他刚结婚时还用“以后多带你出去玩”搪塞，后来干脆不答理了。

他的表现，让小婷觉得他婚前说的甜言蜜语都是骗人的。这样的林峰和想象中的完全不一样，小婷觉得没必要过多争取了。所以，尽管自己很难过，依然“爽快”地和林峰离了婚。只是，他的外遇对象是谁？他是不是也对那个女人花言巧语？这个问题一直堵在小婷心里。

三个月后的一天，林峰给她打电话，说有了理想的伴侣，想在结婚前跟她吃顿饭。小婷心里忽然难过起来，却笑着说：“‘接班人’找得还挺快，要不带上那位，我也欣赏一下？”

那天，小婷特意去了趟美容院，她可不想输给林峰的“理想伴侣”。可林峰是一个人去的，看起来成熟稳重了不少。

林峰说：“你比以前更漂亮了。”小婷笑了，心里美美的，也有点苦涩："以前我要是漂亮，你还能有外遇？"他顿时愣住了："什么外遇？开玩笑吧，我怎么会有外遇？"小婷说："你要是没外遇，怎么会和我离婚，还骗我？"

林峰苦笑着说："小婷，我没有外遇，从来没有过，你不知道以前我是多么爱你。"

小婷问他："没有外遇你干嘛和我离婚？还对别人说受不了我之类的话。是我没别的女人漂亮，还是我挣钱太少？"

林峰喝完了杯中的酒，苦笑道："和你直说吧，我爱你，可是受不了你从来不给我一两句赞美或鼓励的话。我每天那么辛苦地为了这个家，回来后你却总拿我和别人比较，说我不如这个、那个，我心里憋屈。"

小婷的泪刷地流了出来，脸上却带着笑："我说过你没用吗？你为什么不提醒我呢？"林峰说："我提醒过你，可你一直那样。"

这竟然是离婚的真相。

当爱情走向婚姻，生活也许会趋于平淡，没有了热恋时的如胶似漆，没有了花前月下的浪漫。但一句赞美、一个拥抱、一杯消除疲劳的茶水，对婚姻来说都是一种对爱的表达，对爱情来说更是一种延续。

婚后生活，男人、女人都需要赞美。伴侣的赞美会让对方心生温暖，因为他最重要的人就是伴侣了，所以，女人千万不要把你的赞美之词"藏"起来。你想让你的丈夫给你做可口的饭菜，你就要用厨艺高超的话来夸奖他；希望你的男人能帮你多多分担一些家务，你就要夸他勤快能干。

女人要在生活的点滴中发现丈夫的优点，当赞美变成了一种习惯，你就会发现你们的生活到处充满阳光。

 你的婚姻是否已无人驾驶

有一位妻子在婚后不久的一天清晨，丈夫先起床做早餐，她还迷迷糊糊地想赖会儿床，忽然听见丈夫大叫一声："老婆，蟑螂！救命啊！"妻子下意识地滚下床，抓起拖鞋朝着丈夫所指之处，干净利落地把蟑螂消灭了。

妻子看见丈夫害怕的样子，感觉很好笑。看着惊魂未定的丈夫，他还不停地说："哇！真可怕！怎么会有这么大的蟑螂？"妻子心里这时不禁生起一种怜悯自我之心：好不容易盼到了结婚，可婚后打蟑螂的任务居然都要靠自己来完成，这婚结不结都一样，我干嘛结婚呢？越想越委屈。

但是，几秒钟过后，妻子又改变了想法：但我不结婚，不是也要自己打蟑螂？心情才又好转过来。

诸如此类"谁来打蟑螂"的琐事在婚姻里是稀松平常的，从单身到已婚，彼此都会给对方一些生活责任。男人们的想法是：结婚了，我每天回家后就能吃现成的饭，衣服脏了也有人帮我洗了，有人伺候我了；而女人们的想法是：结婚了，我终于得到了别人对我的保护和爱。然后生活中频频出现琐事，原来五彩缤纷的梦幻气球也被一一戳破，让许许多多的已婚人士欷歔不已。进而感到，婚姻是不快乐的。

婚姻就是把一对男女放进一辆车里，要是"无人驾驶"，后果也就可想而知。无论是谁坐在驾驶座上，都要学会用双手操作方向盘，走大家都满意的路，碰到岔路时，要商量着来。当一个人疲倦的时候，就由另一个人接手。只有时时掌握好方向盘，才能绕过坎坷，躲过险滩。怎样才能在

婚姻这条路上行驶自如呢？就开车来说，必须要有驾驶执照才能上路，考驾驶执照要先经过一段时间的练习、笔试和路考，才能拥有驾驶执照。为什么有这么多步骤和程序？这样做的目的无非是为了保护驾驶员和行人的安全，为了让交通能够更加顺畅。如果放眼望去，马路上全是无照驾驶的车辆，后果就可想而知了。在婚姻这条路上，如果没有人来驾驶婚姻，一切规则都将视而不见，只管胡乱穿行，那么婚姻早晚会发生事故。

都说婚姻是爱情的坟墓，但也有人认为，不结婚的话，爱情连个坟墓都没有。其实上述两种说法还是有一定道理的。很多人把婚姻当作围城，预知了婚姻中必然会出现的想要人逃离的痛苦；可另有一些人认为婚姻是新的人生的开始。其实，无名指上的戒指，就像是孙悟空脑袋上的紧箍咒，约束了很多事，摩擦、矛盾在所难免，关键是看你怎么绕开这些婚姻中的“坑洼”，保持你的婚姻平稳向前。

燕子和海蒙结婚了，他们都是达观的人，这是他们的共同点，也是燕子常在别人面前津津乐道的事。他们结婚的时候，用口香糖代替喜糖分给大家，燕子笑嘻嘻地说：“我俩希望今后的生活能像口香糖一样永远都嚼不烂。”

时光如梭，一下几年过去了。他们的婚姻确实像口香糖，是嚼不烂，可是味道也变淡了。这么多年来，两人都有各自的事业要忙，很少吵架，更加没想过感情淡了之后去离婚。他们对彼此很放心，很少过多地询问对方在外面的情况。

直到有一天，燕子和朋友聚餐，突然之间看见海蒙挽着一女子步入贵宾包厢。燕子一边强忍着在朋友面前装作没事人一样，一边自己在心里隐隐作痛。虽然知道丈夫不会做出对不起自己的事，但是那天晚上，燕子还是忍不住问出了口。海蒙先是一愣，继而轻描淡写地说了一句：“这是我们公司的客户，你可别多想，人家有家庭。”燕子还是一贯的沉默。

与一个人相爱并不容易，与其走进婚姻更是不容易。婚姻有时候就像人生一样，充满着坎坷与荆棘，而逃避和放弃婚姻，绝不是最好的办法。要学会掌握好婚姻的方向盘，了解自己真正需要的生活，只有这样，才能真正把握住自己的命运。

驾驶婚姻，也并不是要你刻意去做一些事，而是去表现一些发自内心的举动，比如保持独立的人格，彼此尊重，老公出差不忘了带上一件老婆喜欢的小礼物，而老婆会在老公辛苦一天之后，送上一杯解渴的香茶，亲手按摩丈夫酸痛的肩膀，这些都是爱的体现，而不是刻意的做作。

夫妻都要学会珍惜彼此，累的时候，给对方多点空间和包容，少一些挑剔，其实幸福就是一种感觉，这种感觉是发自内心的，光靠言语是不能将婚姻和爱情经营好的，更多地要靠一些实际行动。

当对方的生活习惯被我们适应，当爱人转变为亲人，彼此之间解开了对方的神秘面纱，我们也会渐渐麻木，不再轻易感动，那些婚前曾经感动过自己的话语，都不能再触动到自己的心弦。

法国作家莫罗阿曾说过："没有冲突的婚姻，几乎与没有政潮的政府同样不可想象。"婚姻就像是承诺一样，它不仅仅是一纸合约，更多的是对对方心理上的承诺，这种承诺具备一定的约束感，可以让人作出让步。一旦失去了这种约束感，当遇到矛盾和冲突爆发的时候，婚姻就很容易走向破裂。

爱情有时候可以是一个人的事情，而婚姻却绝对不是一个人的事情。婚姻没有对错之分，只有同心同德去驾驶婚姻，双赢的局面才会产生。这种驾驶也是一种经营婚姻之道，其中就包括迁就、尊重、珍惜等，然后适度保持自我，这样才能让婚姻永葆新鲜。

欲望越小，人生就越幸福

每个女人在结婚之前都对婚后生活有一定的期望。婚前的期望值一旦在婚后没达到，很多女人就有了离婚的念头。所谓期望越高，失望就越大。当你的欲望在平凡的生活中日益膨胀，现实的生活越来越不能满足你时，你就会不停地埋怨你现在的生活，埋怨你的老公，埋怨自己命运不好。如果你想要幸福，就要学会调节婚后的“期望值”，让你的期望在现实生活中找到一个平衡点。

虽然家里极力反对她与他的结合，然而她最终决定和他远走高飞。他带着她远离了熟悉的城市和亲人，漂流异乡。他知道她为自己牺牲了很多，所以他对她百般呵护，就怕她会产生不幸福的感觉。他对她无微不至的爱，让她忘记了远离父母的思念，在他身边，她感觉到温暖，她觉得自己是个幸福的人。

不过，随着时间的飞逝，她的幸福感在慢慢变淡，工作上的不如意，生活上的不顺心，使得她抱怨重重。她抱怨微薄的收入，抱怨着他在自己面前的卑微，抱怨着他们不足50平方米的住所……

有一次，她终于爆发了。“我为你抛弃了一切，你拿什么来报答我的爱？”她生气地问道。他回答：“凭爱。我对你的爱这些年来没有丝毫的破损，完好如初。”“你的爱就是让我们住租来的破房子？让我们要整天为生计而奔波？你拿什么来爱我？”他无语，心中止不住地失望。

知足才能让人快乐。当你把心态调整到最佳位置时，既不为别人比自己多而愁苦，也不为别人比自己少而自满，你就到了真正洒脱的境界。老子说过："祸莫大于不知足，咎莫大于欲得。"每个人都应该保持一份切合实际的愿望。

女人一定要学会知足。尤其在追求物质享受、财富利益、荣誉功利等方面，如果过于贪婪，只会让自己和幸福终生无缘。

托尔斯泰说过："欲望越小，人生就越幸福。"换而言之，欲望越大，幸福就越少。减少你的欲望，才能得到更多的满足和快乐。请抛弃自行车换汽车的念头、把普通背包换成爱马仕的念头。一个感受不到幸福的女人算不上好命女，当你的目光总在高处时，就永远不能品尝到身边幸福的味道。

王娟是个漂亮的姑娘，大学毕业后嫁给了刘云。刘云警校毕业后就分在了公安局做内勤，工作是自己的专业，自己也很喜欢，而且是国家公务员，人人羡慕。结了婚之后，两个人生活得也算滋润。王娟在一家外企做秘书，工作环境轻松舒适。

可是就在两个人结婚的第二年，王娟大学时的一个同学的老公辞去了公务员的工作，下海经商，而且挣了不少钱，拥有了一家自己的公司，又是别墅又是车的，很是阔绰。王娟很是羡慕，开始鼓动刘云也去学着做生意。后来还为了这事吵过几次架，不过最后还是刘云妥协了。

公务员是不能有第二职业的，刘云又不愿意放弃自己喜爱的工作，于是刘云和一个朋友合伙开了一家歌厅，刘云出钱，那个朋友负责管理。仗着地理位置好，朋友又善于管理，一年的时间，刘云就还上了最初从亲朋好友那里借来的本钱，而且还赚了不少，刘云感到很高兴，觉得自己终于可以在朋友面前扬眉吐气了。可是，随着歌厅的生意越来越好，刘云不得不在下了班以后直接到歌厅去帮忙。渐渐地，夫妻两个人见面的机会越来越少，到最后，刘云除了偶尔回来拿几件衣服，根本就不回家了。

一次，王娟实在忍不住给刘云打了电话。她埋怨丈夫总是不回家，两个人从前的甜蜜时光都不见了。刘云有些不耐烦地说："我们本来过得很幸福，是你总觉得不满足，又想要洋房，又想要汽车，嫌我没本事给你，现在你又想要从前在一起的甜蜜时光，你到底还想要什么？我不是魔术师，你想要什么我就能给你什么，就算我是，我也满足不了你层出不穷的想法，我们最好都冷静一下。”

幸福的女人觉得最重要的事情，往往不是期望模糊的未来，也不是去观察身边的谁比自己过得更好，而是重视享受身边的现在。每个今天都是一个与众不同的特殊的日子。重视身边的每一天，你就可以收获一生的快乐。

所有的幸福和不幸福，都源于自己的内心，你的感知左右着你的幸福。激荡狂欢是一种幸福，远离喧嚣、感受宁静也是一种幸福；有老公相伴是一种幸福，在父母身边承欢膝下也是一种幸福。其实幸福一直都在你心中，只是它无法开口说话，只要你懂得知足常乐，那么幸福也就可以常伴你左右了。

所以，想要在婚姻中获得长久的幸福，一定要将那些欲望尘封起来，不要去期望你所没有的，好好珍惜你现在的生活，就是最大的幸福。

第二辑　学会欣赏你的爱人

欣赏就是爱，爱就是欣赏，没有欣赏的爱是残缺的，残缺的爱不会让婚姻变得幸福。挑剔、辨别不是欣赏，欣赏是发现，是领略。欣赏不只看人长处，更可贵的是从缺点中，观察到其过人的亮点。倘若能不断肯定对方的长处，不仅可以渐渐地忽略对方的不足，也有利于对方扬长避短。

 什么都可以相比，唯老公不能比

在我们的家庭生活中，夫妻之间，常常会听到类似的声音：

“你看看人家，都做着一样的工作，人家已经两次升职，你一次都没有！”

“我哥哥买得起毛皮大衣给嫂子，他有本事赚钱，可你呢？”

“如果我不嫁给你而嫁给他，我生活得不会这么累。”

这些话语听起来多么伤人啊，听到这些话，爱人肯定会感到心酸，家里难免会遭遇一场暴风雨。

女人总爱时不时地拿自己的老公和别人的老公进行比较，因为她们天生就有攀比心理。有的人不会表露出心迹，有的人却整天把别人的好挂在嘴边，在老公面前不停地说三道四。婚姻对于女人来说，重要的不是比较，而是享受；重要的不是看到别人拥有的，而是看到自己拥有的。不要拿别人的成功同自己的老公比较，用欣赏的眼光去看待这个朝夕相处的爱人，你的命运才会变得美好。

云鹏和雪琴的结婚纪念日到了。在下班回家的路上，云鹏专程买了一盒巧克力作为结婚纪念日的礼物送给雪琴。而雪琴在收到礼物的时候，并没有感到高兴，反而有点伤心，这好似一盆凉水泼在了云鹏的头上。雪琴说：“那天邻家的大姐在结婚纪念日的时候，老公送给她一枚白金戒指，而且还有蛋糕和甜蜜的烛光晚餐。而你竟然送我一盒不是名牌的廉价巧克力。”云鹏听后感到很痛苦，很不是滋味，觉得雪琴给他的压力实在是太大了。她不能理解他、支持他，反而还很苛刻地要求他，

这让云鹏伤透了心。

女人好像永远都会觉得自己的老公不如别人的老公好，好像全天下的男人就数自己的老公最差劲。不要在老公的面前讨论别人的成功，不要总说别人老公好，就数落自己老公没出息。你越是这样，他只会是毫无自信可言，别说进步了，只能是原地踏步，甚至是退步。对大多数男人来说，让他拥有奋斗的力量莫过于老婆的鼓励。

老天是公平的，也许你觉得别人老公的优点是你的老公所没有的，但是如果你一直抱怨自己的老公不如别人，你可能会失去更多。女人要学会知足，不要总是盯着别人所有的，而忽视自己拥有的美好。

不要说谁的钱财比老公多，不要说谁的地位比老公高，不要说别人老公的职业比老公好，不要说别人老公的事业比老公做得大。要知道，成功需要一个积累的过程，丈夫只是还停留在积累阶段，一旦到了时间，成功自然是水到渠成之事。不论自己的丈夫有多少缺点，不论老公的地位如何，你都不可以用贬低的方式来刺激他，这样只能让他失掉信心，止步不前，但你若说出一些鼓励的话语，会起到相当大的作用。

男人最讨厌自己的爱人拿自己和别人比较。想一想，你在丈夫面前谈论别人老公的成功，你丈夫心里会好受吗？也许你只是为了找一个茶余饭后的谈资，无意中你却伤害了丈夫的自尊心：你说这话是什么意思啊？看不起我？我没别人老公好？男人会越想越生气，很有可能你的婚姻就会因此亮起红灯。

既然谈论别人的成功，只会让丈夫觉得自己不如别人，脸上挂不住面子，还备受打击。女人又何必要开这个口呢？

爱他就要尊重他，不要埋怨你的老公没有给你太多温暖，你自己也想想，老公从你这里得到了多少温柔；不要总是抱怨你的丈夫不是天上的星星，不能让你为之骄傲，你也要想想你是不是地上的露珠，丈夫的心灵有没有得到你的滋润；也不要抱怨你的丈夫不是雨过天晴后的彩虹，没有为你撑开理想的雨伞，和他风雨同舟。最愚蠢的行为莫过于拿自己的丈夫和别人作比较。如果不想让婚姻亮起红灯的话，就请好好善待你的丈夫吧。

肉体上的伤可以治愈，但精神上的创伤是很难愈合的。

懂得满足的女人才能最大限度地拥有幸福。聪明的女人绝对不会干出拿自己丈夫和别人比较的傻事，假如是无意中谈到了别人的老公，她也会及时补充说："他们是能干，但没有你这么体贴，你在我眼里最好，亲爱的！"这么一说，丈夫也自然开心。

老公是用来爱的，不是用来比较的。不要总说人家的老公如何如何，人家的老公怎样怎样。你是他的妻子，而且要和他厮守终生，这样做对他来说，深深伤害到了他的自尊心。你这样做的同时，也贬低了自己。对大多数男人来说，辱骂没有赞赏和鼓励更能让他们有奋进的力量。

尊重并认可对方的价值

婚姻质量上升到更高层面就是对对方价值的重视。美国著名婚姻问题专家温格·朱利提出的《幸福婚姻法则》有两个经典的定律。太太定律：第一条，太太永远没有错；第二条，假如她错了，请参照第一条执行。孩子定律：第一条，孩子永远是孩子，丈夫也是孩子；第二条，当你觉得丈夫的行为让你不满时，请读第一条三遍。

“所有的事情都可以顺着你，你可以不听取我的意见，但是你一定要重视我的付出和劳动”，这可能是很多人的心声。

叶莉最近有了一个惊人的发现：忠厚老实的丈夫竟然有了外遇！

最近一个多月，丈夫的行为的确有点“鬼鬼祟祟”：每天晚上很晚才回家，回家了什么家务也不干，却直喊累；双休日一大早就出去“加班”，可是月底发工资，却交不出“加班工资”。为此，叶莉很气愤，丈夫支支吾吾，无法自圆其说。更令人愤慨的是，昨天晚上，叶莉竟然在丈夫的裤兜里发现了一块粉红色的手帕——这就是丈夫外遇的证据！

在叶莉的“威逼”下，丈夫终于坦白了他的“外遇”经过。原来，在家里，叶莉总是以家长的身份和口吻斥责丈夫没出息，不会挣大钱，丈夫深感自卑。一个月前，丈夫的单位组织职工做义工，献爱心，丈夫因此走进了一户单亲贫困家庭，女主人是盲人，孩子8岁，患小儿麻痹症。叶莉的丈夫在他们家干了一下午的大扫除，那对孤儿寡母对好心大哥的帮助感激不尽，这让他感受到了一个男人的自信。因此，他开始热爱这个“萍水相逢”的家，没事时他就喜欢往这个“家”里跑。他拿着钉锤、老虎钳在那个破旧不堪的家里修修补补，即使他只是擦擦玻璃、扫一扫地，那个盲妇和坐在轮椅上的男孩也会对他表示深深的谢意。这更激发了他爱“家”的热情。昨天下午，他在为他们修理橱柜时，不小心钉子扎进了手，他大叫一声，那个盲女人忙将手帕递给他，他止住了血后，随手将手帕揣进兜里……

原来如此！此情不关风与月，只关一个人的尊严与价值！

很多人总是在不经意间剥夺了对方的尊严，比如，不屑、控制、轻蔑。轻蔑可能是最具伤杀力的，很多人却常常在不经意间用这把最锋利的刀子伤害了“同一个战壕里的战友”。

在《中国式离婚》这部电视剧中，林晓枫总是要求宋建平辞职去合资医院工作，宋建平总是以各种理由来推脱。因此，林晓枫对宋建平有了看法，言语间总是透着一股轻蔑的味道。

林晓枫：我算是看明白了，我是彻底看清你了！

宋建平：看清我好啊！看清我淡泊名利？

林晓枫：哼，你别做梦了！还清心寡欲，淡泊名利！叫你出趟国你就高兴得分不清东南西北了。还淡泊名利？你这用词不恰当，我看你这是胸无大志！

宋建平：对对，是胸无大志，昏庸无能，不思进取，你将所有这样的词都用到我身上，又能怎么着？

林晓枫：你能被我怎么着啊？你宋一刀能被我这平头百姓奈何得了？

宋建平：你现在说话怎么这么酸啊？

林晓枫：我现在很奇怪我当初怎么会看上你。

宋建平：后悔了？后悔了咱就离婚！婚离了，你的梦想也就能实现了，找你那个能让你展翅高飞的人吧！

林晓枫轻蔑地瞥了宋建平一眼，然后转身背对他不语。

一个人的聪明之处在于他们都知道他们的爱人最看重的是什么，愚蠢之处却是他们会恰到好处地刺杀对方最看重的东西，还自鸣得意于自己说话说得“恰到好处”，一语中的：“我看不起你这样的！你太怂了！”“当初我是怎么想的，竟然看上了你？”“你看，人家男人多有本事，你就不能长点本事么？”“我嫁谁都会比嫁你幸福！”

人最大的心理障碍就是怕配不上她所爱的人。如果她没有这样的自信，会努力爱她自己，除了自己，谁也不在乎，于是她开始冷漠、自私、狭隘。这是每个人都不愿面对的婚姻“悲剧”。即使没有到分道扬镳的那一步，这也是悲剧，因为婚姻的根基——爱已经松动，甚至已经枯萎。

苏昭和建华共同打拼，创办了以他们两个人名字命名的“昭华”印刷厂。苏昭33岁的时候退出商场，回归家庭，开始幸福、安心地生儿育女。儿子出生了，苏昭当起了全职母亲。苏昭一直认为，他们的这种生活是最幸福、最理想的家庭模式：丈夫在外挣钱干事业，妻子在后方全力支持，消除他的后顾之忧。可是，苏昭却发现，事实上，她并不幸福。

丈夫和她的谈话越来越少，常常是话不投机，三言两语就吵起来。对她也从来没有好脸色。苏昭想，他可能是工作太累，影响了心情。可是，有一天，苏昭赌气说：“我要出去玩几天，我什么也不做了。”丈夫却不以为然地脱口而出：“那没什么大不了，我请一个保姆都比你做得好！”苏昭的心猛地一沉，她感到一种从未有过的悲哀。

最后，他们走向了离婚。是苏昭提出来的。很多人都无法理解，说：“你们男主外女主内不是很好吗？建华辛苦挣钱，忠于你，忠于家庭，算得上模范丈夫了，你还不满足吗？”对于离婚，建华也不同意。说她是身在福中不知福，是无风兴浪。但是，苏昭自有她的道理。她说，他们的婚姻缺乏尊重，这是人与人相处最根本的东西，如果连这最根本的东西都没有了，怎么还会有爱？所谓的爱，不过是同情和施舍的代名词。

签离婚协议时，苏昭对家里现有的近百万元存款分文未要，她要的只是印刷厂60%的股份。最后她赢得了胜利。

也许，在真实的婚姻生活中，对“价值的尊重”需求并不像我们前文中所阐述的那样具有广泛性，但是并不等于这并不重要，只不过它转移到一个更敏感的层面——那就是对尊严的重视。

用信任“取悦”你的丈夫

夫妻间最重要的是什么？是理解和信任，它们可以增进夫妻之间的感情。宽容大度是一个成熟女性必备的素质。夫妻的感情是以相互间的信任和理解为基础的。如果你对丈夫充满了怀疑和不相信，那么你又有什么理由去要求他对你毫无顾虑呢？一个男人在事业上取得一些成就的话，社会活动必然会十分频繁。交际的日益广泛，认识和接触年轻漂亮的女性是必不可免的，他们无法去阻止那些敬佩和崇拜自己女性的目光。所以，如果妻子能够以豁达的心态和理解的微笑去体谅丈夫，并同时对丈夫保持警惕，那丈夫一定会无法逃脱你的手心。切忌随便对丈夫的指责和偷偷摸摸地打听和调查。

每个人都有属于自己过去的感情，这是谁都无法改变的。但那只是人生中过去的一个阶段而已，你不能因此而对他或她进行打击和言语上的贬低。因此，无论你面对谁的过去，都应该用最理性的方式去解决问题，而不是让这段过去成为你生活上的负累。这种负累不但会给你带来伤害，也会给对方造成伤害，最终你们的婚姻将出现裂痕。因此别再在彼此过去的影子中生活了，忘掉过去，直面现在的美好。

小李丈夫的公司来了一位新同事，无巧不成书，这位新同事就是小李丈夫以前的女朋友，她的丈夫没有将这件事情隐瞒，而是坦白地告诉了她。要换作是别的女人听到这个消息后，每天的生活肯定是诚惶诚恐的，毕竟他们曾经相爱过。但小李却是个聪明女人，并没有因为他们的往事而感到尴尬，反倒是和这位丈夫的前女友变成了好朋友。小李有时间就去找她吃饭逛街，两人无话不谈，彼此的关系也日趋明朗。当然，她的丈夫和前女友也没有死灰复燃的可能了。

我们不得不承认，小李是个聪明的女人。能和丈夫的前女友成为朋友，总比在他们的陈年旧事上分心要有意义得多。把爱情放在这个位置，看似危险，实则安全。不管曾经相爱的人是因为什么原因分开，其间的感情是难以用言语来表述的。人总是希望能将美好的瞬间记录下来，所以，即便之前的恋情再苦涩也是值得回味的。就像一些电影情节一样，一个人在30年后和自己的初恋偶遇，肯定会发生很多故事。旧时情人特别具有杀伤力，随时会让你的婚姻亮起红灯。想让自己的爱情完好无损，没有比"化敌为友"更有效的办法了，常言道："最危险的地方也就是最安全的地方。"把他和旧情人联系等于是变成了两个家庭的联系，其间没有任何秘密可言，这不失为是一种明智之举。两个家庭在一起的时候，谁都希望自己的家庭比对方的家庭幸福，就像两个分子，当其内部的原子紧密结合的时候，就不会产生什么反应，这正是皆大欢喜的结果。

女性成熟与否，要看她会不会用细腻的感情去体贴丈夫，并让丈夫的异性友人感受到一种无形的"关照"。她知道这不仅是一种责任，也是奠定夫妻之爱的基础。而这种关照，本身就给丈夫的情感上带来了巨大的压力。

夫妻之间的相互理解和信任，可以增进彼此的感情，因为这种欣赏就像是知己一样。成熟的女性知道自己应该用什么方法去"取悦"丈夫。

改变自己，而不是改变对方

婚后，当男人表现出越来越多的“毛病”时，女人就开始想着怎样让他改变，变成自己所能接受的样子。殊不知，女人是不可能真正成功地改造一个男人的，你的改造只会令对方反感。他不是李嘉诚，也不是梁朝伟，他就是他，这是事实。爱情真正的意义是发掘、欣赏和接纳对方，而不是帮助、控制和改造对方。西方人常说“爱他或者离开他”，让别人去办做不到的事情，你终将得不到你想要的效果。女人必须以自我为生活的中心，并放弃改变他的念头，给对方自由的空间，不试图改造对方，才是爱的表现形式。

婚姻不仅是两个人之间的事情，更是两个家族的事情，我们选择了婚姻就等于接纳了对方的一切，不管是优点还是缺陷。嫁给一个人就是嫁给他社会关系的总和，只要彼此相互选择了，就应该是适合的婚姻。

小莲本是一个很有才华的女诗人，在大学期间是学校里的校花，追求她的男生简直可以排成一个连。但是她选择了一个粗鲁、笨拙，有些奇怪的癖好，又没什么家产的研究古文化的男生做自己的老公。

为了拿出更多的精力帮助自己的丈夫，小莲竟然放弃了自己的写作爱好，跟着丈夫来到了一个偏远的小乡村，目的就是为了能让自己的丈夫静下心来研究古文化。

小莲甘心成为一个全职主妇，照顾丈夫，并尽自己最大努力来缓解丈夫的压力。当她丈夫的有关古代文学作品吸引了大众的目光后，她只和欣赏她丈夫的人交往。在东部的社交圈里，她丈夫的才华吸引了很多漂亮女性的目光。但她可以忍受，因为她们也是丈夫作品受大众关注的一部分。

其中小莲最让人钦佩的一点就是：她从未有过改变丈夫性格的念头。

小莲在日记中这样写道：“我不想他因我而改变，我也希望他变成我幻想中的那类人，那将会失真。人真实是因为有缺点存在，而没有瑕疵的是那些蜡像。他能充分发挥出他的才华，这才是最重要的。”

对小莲来说，丈夫本就是一个天才，所以她不想让他因为自己荒废掉自己的爱好而成为一个擅长交际的专家。丈夫笨拙的个性，以及他的执著不屈才是最吸引小莲的，所以她和丈夫在一起的每一天都是开心的。

明智的妻子应该明白，在男人心里，家的概念是一个能够让他放松，而且能够随心所欲的地方。如果你总是希望他改变，那么你时时刻刻的提醒和指责，只会让男人感到没有面子，陷入无尽的尴尬中。

女人们都认为自己有改造丈夫的能力，但改造的结果往往让自己更加失望。改造男人以爱之名是不可能的；强加自己的思想给别人，只会适得其反。现实中，妻子改造丈夫的结果往往是对方毫无改变，还会产生抵抗情绪，凡事针锋相对。久而久之，矛盾积深，婚姻逐渐走向破灭。

蒋琴和丈夫结婚还没几个月，就离婚了，而离婚的原因让人觉得十分可笑。原来，她的丈夫口味较重，吃菜偏咸，而蒋琴从书上看到，盐吃多了会使心脑血管疾病的发病率增加，还会导致骨质疏松，为了丈夫的身体着想，她就想把丈夫的口味调淡一些。

结果，一吃饭，他们就会为此争吵，两个人都不肯让步，最后，丈夫开始不回家吃饭，她就克扣丈夫的零用钱，这使得矛盾更加激化。终于，她的丈夫提出了离婚。

男人因为爱走进了婚姻，并不表示他愿意在爱的约束下丧失自己的一片天空。在婚姻里他们希望得到的是默契、宽容和理解，而不是指责、批评和约束。也许在你的爱情攻势和鼓励下，一个嗜酒如命的酒徒会戒掉酒瘾，喜欢拈花惹草的浪子会安心待在家里，但这种改变是有限的，你不可能把一个平民改造成一个王子。

要知道，婚姻生活中，你不可能通过责骂和挑毛病使他改变多少。尽管你是好意，那些你觉得他不好的习惯都是在认识你之前就养成的，早已根深蒂固，再加上男人顽固的本性，根本就没有办法改变。所以，不要试图改变对方来适应自己，而是应该收敛和放弃自己的个人化；排除自己的狭隘和固执，以理性的头脑去对待；以一种豁达的胸怀，再以有利于家庭和平发展的方向为导向。这样去处理生活，一个家才能永恒。

既然嫁给了他，就要认定自己是爱他现在的模样，而不是经过你改造后的模样。即使他身上有很多你看不惯的东西，也要以一颗宽容、理解的心去对他，这样你们的婚姻生活才会充满幸福。

 莫要企图改正他的缺点

不少女人有一种嗜好：改正男人的缺点。女人喜欢拿自己的嗜好来当作衡量标准，就像她没有抽烟、喝酒的习惯，她也想让男人不沾烟酒；她喜欢购物，于是就希望自己的男人也能经常出没于各种名牌门店。这种改变别人的欲望膨胀起来，改造的范围便没了边际，连男人的举手投足都要中她的意才行，不许越雷池一步。

其实男人真的有那么多缺点吗？据不完全统计，女人的老公在她眼里至少会有1000个以上需要改正的地方，所以无论怎么改，女人还是不满意。如果真有这么多缺点，你为什么还要嫁给他呢？如果婚后发现了，与其费力不讨好地改变他，倒不如索性换一个！可能因为男人的秉性都差不多，也没有了换的必要。但是你当初不就好“这口”吗？等你把他改造得失去了本真，他还是当初那个你喜欢的他吗？

刑璐总是和朋友谈论这样一个话题：

我老公没有经过任何人介绍，是我自己选的，当时，我就发现他这个人特别不讲卫生，不修边幅，经常只穿一只袜子，因为他老丢，还特别爱抽烟……当时我还犹豫要不要选他这样的，可是他也有很男人的一面啊，果断、勇敢、大刀阔斧……这些都是我喜欢的男人特点，所以我就包容了他的那些小毛病，并深信他会因我而改变。因为他是爱我的，我们每次约会，他都会激动得手抖。他既然在乎我，那还有什么克服不了的呢？

最后，我发现我错了，他的毛病没改，而且还愈演愈烈。我受不了，与他吵，威胁他再不改进就不要碰我，可是治标不治本。三天后，他还是

不刷牙洗脸就上床睡觉，水果不洗直接就往嘴里塞……多少次的警告、惩罚都效果甚微。四年了，我对他已经是失望到了极点，我满腔热情想要改变他的这些缺点，希望他变得优雅一些，但是一切努力都化为了泡影。我该怎么办呢？我有些不甘心，有时甚至怀疑他是否还爱我。

男人的本性是狩猎，一旦把猎物打倒他就认为猎物已经属于他；而女人的本性是耕种，即不断倾注劳动才能证明占有权。女人想要证明这个男人是属于她的，她就会给男人贴上符合自己喜好的“标签”，这样她才会安心。

但事实上是怎样呢？费尽心血之后换来的却是一声声无奈的叹息。就像抽烟喝酒这些大多数男人都有的习惯，女人有一千种理由要男人戒掉这些坏习惯，她们费尽心血去改造他们，可到最后男人还是该抽抽，该喝喝，以至于有人说：“男人离开了烟酒，还算是男人吗？”女人所有的工夫全白费了。

其实，男人有这些习惯也是有他们的道理的，女人不懂，这就跟女人天生喜欢化妆是一回事情。诸如此类的事情，还是互相理解一些为好。宽容政策有时候比改造政策来得更有效。

如果男人在改变中可以直接受益，他就会愿意接受改造。如果女人希望男人增加魅力，从而改变男人的外表，男人是非常愿意的；如果女人想让男人的某些习惯改变，以此达到双方更加亲密的目的，男人也愿意作出改变；如果女人的改变愿望直接受益者是女人自己的话，聪明男人会作出让步避免冲突，不明智的男人会拒绝改变，因为他觉得这样做会让自己很没面子。男人不傻，在感觉到你的真正动机后，没有一个男人会接受你的改变意图。

婚姻就像一只瓷瓶一样易碎，瓷瓶难免有些凹凸不平之处，你看着不够美观想把它打磨平整，出发点是好的，结局却只有一种：没有收到美观的效果，瓷瓶就先碎了。

有一对夫妻离婚了，他们离婚的原因简直叫人不可思议：他们的卧室窗户靠近街道，女人担心外面飞进来的灰尘会弄脏桌椅，于是就整天关着窗户。而男人觉得屋子里有味道，他喜欢开窗通风，女人就认为男人这是不爱干净的表现，想要扭转他的思想，男人却依然我行我素。两人谁都不肯作出让步，矛盾越积越深，最后终于以离婚收场。

聪明的女人，不要千方百计费尽心思去改正男人的不良习惯，与其白费力气不如适时地采取宽容政策，反而会使夫妻之间更加亲密，让男人在不知不觉中自愿改正，达到理想的效果。

别把洁癖带进你的婚姻

女人都爱干净，总喜欢把自己收拾得靓丽照人、家里收拾得一尘不染。对于一个家庭来说，有这样一位爱干净的妻子，会让男人感到家的温馨和舒适。但是物极必反。当妻子爱干净的优点转变成“洁癖”的时候，那就不再是一种美感，而是一种病态了。有“洁癖”的女人自己倒没什么，却会给家人带来无尽的困扰。

小梦就是一个有洁癖的人，她的老公非常难以接受。小梦不仅每天洗很多次手，甚至为了避免公交车上的扶手弄脏自己，每天居然走路上下班。

回家后，她更是反复地把家里的地板、桌椅、日常用品擦得干干净净才罢休，屋内哪怕有一点不干净都会让她很不舒服。

每次外出旅行住酒店，小梦的必带之物就是消毒水。一进酒店的房间，她就马上把消毒水喷在酒店的每一个角落。

家人的健康和卫生更是被小梦照顾得十分周到。除了她自己和老公之外，其他人一律不准接触她女儿。每次外出吃饭，小梦都自备碗筷。有一次忘了带私有餐具，她只好用餐厅提供的餐具，但她用开水反复清洗了十几遍，然后再用纸巾擦拭数十次……

太爱干净的女人总是把家里收拾得整整齐齐，辛苦一天的男人回到家，本以为可以舒舒服服躺在沙发上看电视，却被老婆一把揪起：不要把沙发弄乱了。想要喝杯水舒缓舒缓，只听老婆说道：喝完记得洗杯子。想要到书房上会儿网，只听传来老婆的声音：出来的时候把桌子收拾干净……诸如此类的现象屡屡出现在本来温馨的家庭里，怎能不让男人对家、对你望而却步？随时随地地“唠叨”会让男人觉得还不如待在办公室来得舒服。

在家的时候，请给你的丈夫一种轻松感吧。不管男人多爱自己从事的工作，还是难免遇到一些令人头疼的事情，这些事情让他们情绪低落。如果回到家后能帮他把这些坏情绪消除，让他感到身心俱舒，那么第二天丈夫一定会热情饱满地投入工作中去。

家是温馨的港湾，是心灵的归宿。男人之所以想回家是因为家能给他温暖，让他完全放松身心，消除工作上的疲劳。如果劳累一天的男人回到家，还要忍受妻子的干净大检查，这无疑会让男人对家产生排斥心理。

王云芬对身体的清洁要求已达到吹毛求疵的程度。她的手一碰到别的东西肯定就会反复清洗，久而久之，这双手被“折磨”得面目全非，手掌脱皮不说，还患上皮炎。王云芬每天晚上洗完澡后，总认为衣物上的细菌会弄脏她的肌肤，因此她常常“裸睡”。不仅如此，王云芬强烈要求老公也这样做，如果老公不肯，王云芬就感觉老公身体很脏，不肯与老公同床。老公费尽了各种方法来劝导王云芬，始终不能消除王云芬顽固的想法，最终忍无可忍，提出离婚。

男人天生就比较喜欢舒适自由的环境，王云芬的老公之所以和她离婚就是因为他感受不到家的温馨，感受不到妻子的体贴与温柔，吹毛求疵的爱洁程度让老公没办法忍受，最终使婚姻走向破裂。

在爱干净的同时，还要记得带上一份懒散，在身心俱疲的时候，可以让自己绷紧的神经得到放松，让心灵得到调养，宽待生命，请为自己营造一份闲适的心情。

曾有人说过：“幸福的家庭看上去总是有一点凌乱。”家里适当凌乱会给人带来一种生活气息感，更让人感到温馨。所以女人要学会为家营造一个轻松舒适的氛围，有时候太爱干净是与生俱来的习惯，也有可能是遗传，如果你有“洁癖”，一定要学会自我调节，或者寻求医生的帮助。千万不要让你的“洁癖”破坏了家庭的温馨。

你的“洁癖”可能会成为家庭不和谐的主要原因。所以适时地改掉这样一个“坏毛病”，让老公真正感受到家的舒适，同时也能使自己的身心得到放松，让家庭生活更加和谐。

 求同存异，学会拥抱彼此的差异

男人结婚时的心理是：她值得我爱；女人结婚时的心理是：他真的爱我。

在伊甸园的故事中，当亚当和夏娃第一次相遇时，不禁惊呼：“哇！我们原来并不是一样的！”

爱情都是从产生差异的吸引开始。生命中奇妙而美好的事就是被那些和我们不尽相同的人吸引，我们都希望那个人在一定程度上能让我们更加完善。

但是，一旦当两人步入婚姻殿堂后，就会产生一种无形的力量，驱使其中一方产生改变对方为自己理想化的状态。产生这种想法是可以理解的，因为按照常理，和一个与自己想法相同的人生活，无疑是一件快乐的事情。然而，这种想法只是一相情愿的，对方并不会被你改造。

我们必须学会发现对方的特点，进而去习惯和喜欢这种特点，让彼此的差异都得到欣赏和拥抱。婚姻是相互的，只有充满了两个人影子的世界才是幸福的。

夫妻之间的差异能够发挥其真正美好效果的第一步就是先要会做你配偶的学生。也就是说，要懂得谦让，站在他的位置上去替他想想。理解是第一位的，试问一下自己，你知道爱人的喜好吗？他的优点和缺点是什么，他有怎样的生活习惯，自己和他的处事方式有何不同，不同在哪里？

小曾参加同学聚会时候说起自己的婚姻，真是有不小的感慨：夫妻两个人文化差异和价值观的不同真是婚姻的不幸。

小曾说："我老公和我是一个村的，以前是不陌生也不熟。我念完大学，家里就开始张罗我的婚姻大事了。我妈说，他这人不错，勤快、老实，模样也俊。当时我也没多想，心想大家离得那么近，回趟自己家也方便。就这样我和他结婚了。婚后，我才明白，我和他之间有不小的差距。他读完初中，就已经步入社会了。而我是本科毕业，我俩平时很少在一起看电视，原因很简单，看不到一块去，他喜欢看电视剧，我偏爱看新闻，尤其是国际上的重大事件。有一回，为了这事还吵了一架，他居然还讽刺我说："这么喜欢看新闻，怎么也没见你去做外交官啊。"我当时很无语，觉得他不但肤浅，不懂得尊重人，而且还蛮横。这是小事。我和他真正的矛盾在于生不生孩子的问题上。结婚之前我就明确地向他表示过，我这辈子是不会要孩子的。他说，要不要孩子现在说还早，到时再说吧，要不要其实也无所谓。但是婚后，他却明示加暗示地和我说了好几回了，我烦不过，就说："婚前你不是说要不要孩子你都无所谓吗？"他就反问："一个女人，不生孩子，算是哪门子的事？这事不是你一个人说了算！"后来他语气软了下来，他说："就算你不为我考虑，也得为你妈，为我妈想想，难道老人不想抱孙子？"其实，我家里是信佛的，我认为一个人来到这世上就是来受苦的，为什么要硬生生地把一个人带到这世界上来受这轮回之苦呢？况且现在有很多这样的丁克家庭，照样过得很幸福。但是和他说这些全不好使，没用。在他的眼里，老婆的任务就是帮他传宗接代。真是不知道要怎么收场。

两个人有差异是必然的，你要做的就是拥抱真实的爱人。也就是说即便对方身上存在很多缺点，你爱他依然要爱得真诚。谁都有缺点，我们的主观意志并不能改变这些缺点。两个人逐渐走到一起的过程其实就等同于亲密，而不是两个人合二为一、变得毫无差异的过程。煞费苦心地去引导对方作出改变，只会适得其反。我们勇于调整好自己的心态才是最有意义的改变。当我们以妻子的身份和竞争者的身份去看待对方的时候，就会明白并肩作战和对垒为战哪个更重要了。

 与其抱怨，不如培养相同兴趣

生活中，我们总是听到很多妻子埋怨自己的老公：“你整天就知道看世界杯，什么也不干，也不理我……” “今天别去打球了，好不容易盼着个休息日，陪我逛街去……” “就知道看体育新闻，整天不思进取，你看人家……”诸如此类的话都是抨击老公爱好的说辞。而且大多数女人也知道这样的埋怨只是隔靴搔痒，根本不起作用。有时候与其去抱怨、管制男人的兴趣，不如和他培养共同的兴趣爱好。

在生活中，男人要面对家庭、事业等诸方压力，聪明的妻子都懂得给丈夫一些私人空间，尊重对方合理的爱好，培养夫妻间共同的爱好，这样才能让夫妻感情得到进一步增进。

秦媛和丈夫分居了，他们的关系已到了“水火不容”的地步。朋友们纷纷来劝，两人都大倒苦水。秦媛说自己命不好，当初和老公结婚时，她家里强烈反对，可她那时就是因为老公对她特别好，才冲破一切阻力和他在一起的。可是现在，她却对老公充满怨恨。

她说，老公常忽视她，平常哪怕和朋友说说笑笑，也不愿意回家多和她说一句话，而且老公经常组织一些好友野外郊游，根本不愿意花时间陪她……这些都让她觉得自己在他眼里一文不值。

但秦媛的老公杨立却表示，刚结婚时，他对秦媛非常好，后来她却变得非常“自我”与任性，不愿意接纳他身边的朋友，更不欢迎他的朋友到家里来玩。杨立说，结婚以后，秦媛就越来越多地干涉他的私人空间，他说自己的领地在婚后被一点点地侵略了。

男女之间本来就爱好各异，就拿看电视来说：新闻、体育、经济等方面都是男人比较关注的，女人则喜欢看综艺、爱情故事等节目。男人喜欢运动，女人喜欢文艺；女人喜欢逛街，男人喜欢网游。如果夫妻之间没有一项共同爱好，那么，这样的婚姻是悲哀的。所以，夫妻之间一定要寻找一项彼此都喜欢的爱好，这样才能让婚姻生活变得更加和谐。

夫妻之间如能培养共同的兴趣爱好，彼此之间的感情不仅更为融洽，这样做，夫妻之间多了更多相互沟通、情感交流的平台。

霏霏的老公特别喜欢打台球，每次下班后都喜欢到台球室与人切磋。为此，霏霏经常数落老公下班后都不陪自己，而且她觉得台球室是一个流氓聚集的地方，老公不应该去。

后来听朋友聊天的时候，好多人都说自己的老公爱打台球，玩过的都觉得很有兴趣。听说霏霏从没玩过，都怂恿她去试试。霏霏磨不过，于是忐忑不安地去了。

静静的台球室里，只听到清脆的球杆与球、球与球之间的撞击声，角度的核准，母球的位置预留，力度大小的掌控……霏霏发现，原来台球也是一项挺优雅、智慧、技术的游戏，只是被有些人弄得乌烟瘴气而已。后来在老公的指导下霏霏的球技变得娴熟，有的时候别人打不进的球，霏霏轻而易举就可以打进。

从那以后霏霏就经常和老公切磋球技，不仅仅是因为她觉得台球有趣，更是因为在和老公切磋的过程中能够增进彼此的感情，比一个人傻看着老公玩有趣多了。

共同的兴趣爱好是幸福婚姻的催化剂。女人们不要总是埋怨老公专注于自我的兴趣爱好，而忽视了你的感受。每个人都有自己喜欢的消遣方式，与其花时间去郁闷，不如加入老公的兴趣中去。只有当夫妻间有了共同的爱好和兴趣时，你们才会有更多的谈资，才有机会让你们的爱变得更加甜蜜，婚姻生活更加幸福长久。

夫妻间应怎样培养共同的兴趣爱好呢？

首先，夫妻间应该彼此诱导对方的兴趣爱好。夫妻之间共同的情趣爱好是建立在彼此有意识渗透的前提下，久而久之，彼此才能建立共同的兴趣。

其次，了解、学习彼此间的爱好。如果对对方的兴趣爱好不了解的话，可以主动先了解对方的兴趣爱好所在，达到自己兴趣增强的目的，使夫妻之间产生更多的交流。教的一方也应该更具耐心，让对方在学习的过程中能更好地了解到自己的兴趣爱好。

最后，互相尊重。对对方与工作相关的专业兴趣和有关实用、艺术、娱乐的业余兴趣应当表示理解和支持，不能讨厌甚至埋怨对方正当的兴趣。

你的老公真的很差吗

男人在婚前是非常受女人崇拜的。婚后，女人开始对男人变得挑剔，总觉得自己这个男人和心中的期待渐行渐远，没有了婚前那种感觉。其实不是男人变差了，而是你的心态产生了变化。

电影《大话西游》里有这样一段经典台词："曾经有一段真挚的爱情摆在我面前，我没有珍惜，等到失去后才后悔莫及。"抛去电影故事不说，从这句话中我们可以看到，主人公的追悔不是因为没有得到幸福，而是幸福一直在身边，没有发现，没有去珍惜。

婚姻的幸福感就是这样，在你没有得到的时候就会有一种强烈的期待感，当你得到的时候你会觉得自己是这个世界上最幸福的人。但当你步入婚姻生活后，当初的那种幸福感又被你远远抛在了脑后。

随着结婚时间的增加，夫妻俩遇到越来越多的日常的生活问题，双方对共同的未来的信念也开始有所动摇。这个时候，很多女人都会觉得她们的另一半完全不是婚前相爱时想象的那个样子。

齐玉从小在部队大院里长大，关系要好的女生有五六个。大家年龄相仿，陆陆续续都结婚了。结婚时，齐玉的老公算一堆男友里最优秀的一个。身高将近一米九，外貌俊朗，还是个公务员。朋友动不动就说要抢她老公或借她老公用用，齐玉听着心里美滋滋的。

然而，齐玉心里渐渐产生了失落感。随着时光的推移，老公往日的俊朗渐渐不复存在，大家看习惯了，也不再称老公是帅哥了。聚会时大家的热点话题变成了谁买了别墅、大奔，还有谁谁的老公开的公司赢利值达到了多少。每每聊到这些，齐玉心里就开始不平衡起来。朋友都安慰她，说她老公的工作稳定，虽然不会赚到什么大钱，但是很悠闲。齐玉听完这些话更觉得心里别扭，她认为说一个人悠闲就意味着这个人没用。

齐玉夫妇周末应好友之约一起去吃饭。好友的老公只有不到一米七的身高，与好友恋爱时连说话都磕巴，现在当了总经理，全身都是名牌，话语间透着轻蔑。齐玉为此感到十分沮丧，以身体不适为由提前回家，一路上她都没怎么搭理老公。

女人不要一味地沉浸在最初得到幸福时的回忆里。一味追求幸福最高点时的感受，只会忽略爱人的关爱，把微小的矛盾扩大化，从而更加感受不到幸福。

婚姻中女人千万不要因为得到太多而忽视幸福，不要使感官的味蕾丧失对幸福的敏感。不要轻易说自己的老公这不好那不好，往往不是因为你的老公不好，没有给你幸福，而是你在幸福中变得麻木了。当你固执地摆脱"不幸福"的现状后，也许你又会后悔自己作出这样的选择。所以一定要理性看待自己，千万不要用别人的幸福标准来衡量自己，否则，只能让自己和幸福失之交臂。

有些女人总喜欢用这样的口吻来说自己的老公："看你那样子！除了能干点家务活儿，你什么都干不了，你看看咱们邻居，一年能挣个几百万，人家老婆天天出入于各种高级会所，你的无能造就了我这个黄脸婆！"如果丈夫也能挣上个几百万元，她又会说："你一天就知道工作，也不知道带我出去玩，人家谁谁的老公总是带她去旅游，你有陪过我吗？"如果老公陪过她，她又会说："你也不帮我干点家务，成天就知道上网、看电视，我每天这么累，你都不懂得体谅体谅我？看别人老公都心疼自己老婆，总是帮着做家务，哪像你啊！"

步入婚姻生活后，恋爱时的花哨不复存在，因为婚姻生活赋予夫妻双方更多的是责任感和亲情。若女人一味追求恋爱时的感觉，就会对现状产生不满，逐渐也就失去了幸福感。其实，你根本就没有失去什么，你的老公还是和恋爱时一样关心你、呵护你，所以女人一定要懂得知足。要始终觉得你的老公是最好的，你的婚姻生活是幸福的。不要让一味的挑剔阻挡了你幸福快乐的阳光，破坏了你美好和谐的家庭。你要相信自己的选择，老公始终是最好的，不要因为自己的挑剔和不满足而觉得老公不够好。

有位哲学家曾说：“每一种事情都变得非常容易之际，人类就只有一种需要了——需要困难。”有了困难，才知道挣钱辛苦；有了困难，才知道家庭对自己是多么重要。在通往幸福和富裕的生活时，千万别忘了粗茶淡饭的三餐，别忘了遇到困难时相互扶持的日子。只有忆苦，才懂得思甜。

大部分女人，不是不幸福，只是得到的太多，没有意识到要珍惜。幸福是需要彼此之间相互提醒的，因为我们常常忽略了身边的幸福，正是那句老话“身在福中不知福”。人们经常以为已经永远失去了幸福，其实错了，幸福一直都在你身边，抓住它，别让幸福溜走。很多时候，并不是老公没有给你幸福，而是你少了一颗感受幸福的心。

 死盯他的短处，不如放大他的长处

世界上没有完美的男人。当你和老公生活在一起的时间逐渐变长，双方都会缩小对方的优点放大对方的缺点，这就需要一个磨合的过程。有的女人在发现老公的某一缺点时，总会盯着他的这个短处不放，并且成为每次争吵时攻击的理由，这样的做法是相当不明智的。

夫妻之间想要拥有幸福的婚姻生活，需要的就是宽容和谅解。婚姻质量好坏的前提就是彼此之间的包容，发现对方的长处，忽略对方的不足。你如果死盯他的短处不放，自己自私的一面就在无形中被暴露出来。如果总是提到老公的不足，不仅伤害了老公的自尊心，更加速了婚姻走向破裂的速度。

齐露的老公有便秘的毛病，每次上厕所都要40分钟到一小时，而齐露一开始并不知道这个情况。齐露有一天早晨起来着急去厕所小便，发现老公也在卫生间，齐露就问老公多久能“解决战斗”，但是都没得到老公的回应。

齐露害怕了，她认为是不是老公在卫生间里昏倒了，就开始砸门，边砸边喊：“老公你怎么了？你怎么不回答我啊！”这样，她老公才勉强回了她一声。齐露很生气，质问他为什么不出声让她担心。她老公说上厕所不能说话否则会肾亏。

后来矛盾升级了，齐露的老公每次都起来得比齐露早，所以齐露每天早上都要忍很久才能上厕所。于是齐露要求她老公在早上去厕所之前先叫一下她，她只要1分钟就搞定了。但是齐露的老公早上从来没叫过她，所

以齐露开始反击了。她每晚很早就睡觉，为的就是第二天一早先老公一步把卫生间“抢到”。

现在换成齐露的老公踹门了，后来发展成用椅子砸门，再后来吵架齐露都是拿老公上厕所的事作为导火索，最后的结果就是离婚。

每个人都有一些或大或小的毛病，如果女人们能用一颗宽容和理解的心去对待自己的老公，遇到问题的时候商量着去解决，这些毛病不仅不会成为婚姻的绊脚石，可能还会转化成夫妻间的浪漫元素。所以女人一定不要盯着老公的短处不放，更不要在每次吵架的时候揭老公的短，让他男人的自尊心受到严重伤害，最后导致不可挽回的结果。

生活中，每个人难免在无意间会犯下一些错误。当你犯错误的时候得到了别人的宽容和原谅，那么，当别人犯错的时候，也请你用这样的方式去对待别人。其实，紧抓老公的错误不放，自己会比他更痛苦。每个人身上都有缺点，也难免会犯下一些错误。人性的弱点就是这样。同在屋檐下，夫妻间总是戴着显微镜去看待对方，大部分时候，我们总会忽略对方的优点，放大他的缺点。

一个女人刚结婚不久，她总喜欢在父母面前抱怨老公的不是。父亲听了，在一张白纸上画了一个黑点。然后，他拿着这张带有黑点的白纸问女儿：“白纸上面是什么啊？”“当然是黑点啊。”父亲再问：“那你还能看到什么呢？”女儿仍然说：“我只能看到一个黑点啊！”父亲说：“难道除了黑点，你就看不到其他这么一大片白的地方吗？”聪明的女儿马上理解了父亲的用意。

回到家中，她换了一种眼光看丈夫。观念的转换，让她发现了丈夫身上的优点和闪光点，她这才想起那句话“入芝兰之室，久而不闻其香”，原来自己总是在放大丈夫的不足而忽略了他的长处啊。

很多的女人都对丈夫的“黑点”一目了然，如果一“点”障目，天长日久，就会越看越黑，因此，夫妻感情难免被看出枝枝节节，等到修剪时就困难重重了。俗话说：“金无足赤，人无完人。”事物都有正反两方面。如果你只看到“黑点”，那么，你的世界只会是一片黑色，它让你产生了诸多负面情绪，这些负面情绪使你丧失了原本属于你的幸福感；如果你看到的是一大片白色，那么，你的心境将会变得无比清净，烦恼和争吵也将会在你的世界里不复存在。

在对待丈夫无关痛痒的“黑点”问题上，我们可以视而不见，多些包容和谅解，才可以在会心一笑中擦去“黑点”。让女人看到整张白纸就会变得宽容，从而增长一分理智、一颗暖人的爱心。

女人们，请收起挑剔的目光，拿起扩大优点的放大镜，以律人之心律己，以恕己之心恕人，你会发现那个“黑点”竟然是那么渺小，你不会因此而再烦恼，你会觉得自己还能拥有这么多白色的地方。你心中有了这张白纸，老公的短处也就变得微不足道，你们的婚姻生活也会随之变得幸福和谐。

别让习惯变得麻木不仁

当幸福感达到一个顶点时，就会像抛物线般下落。就像在婚礼现场，幸福是被婚礼进行曲推向高潮，然后两个人在婚姻生活中消磨着婚前的激情和新奇，所有的幸福便会慢慢沉淀下来。

婚姻是现实的，它没有恋爱时的激情，却多了生活的责任，多了夫妻双方的亲情。女人若在婚姻里还一味追求热恋时的浪漫，就会越来越不满足于现状，幸福感也会越来越弱。其实，你根本没有失去什么，你的爱人还是一样爱你，只是每天少了鲜花，少了烛光晚餐，取而代之的是他的工资，家里的锅碗瓢盆。坦然地面对激情过后的平淡日子，你会发现，幸福原来一直不曾离开。

结婚十多年了，陈芬芬和丈夫早已没有了当初的激情。那晚，陈芬芬跟丈夫吵架之后便一个人跑到酒吧喝酒。后来，她独自一个人走在路上，觉得莫名的悲伤。走着走着，便蹲在路边哭了起来。许久之后，陈芬芬听见一个声音："你迷路了吗？"

陈芬芬抬起头，泪眼汪汪地望着面前这个人，是个30岁左右的男子，戴眼镜，夹个公文包，看上去像是下夜班的样子。

陈芬芬摇摇头。"那你怎么一个人在这坐着哭，很危险。"男子真切地说道。"我没事，只想一个人静静。"此时的陈芬芬已经停止了哭泣，只是脸上还挂着泪珠。

男子忽然打开公文包，从里面拿出一张纸巾，递给她："擦擦眼泪吧，早点回家。"说着意欲离去。

接过纸巾的陈芬芬忽然又大哭起来，男子有些不知所措，问她怎么了。“我只是很感激！”陈芬芬擦着泪水，对男子说道，“你是陌生人，我们又不认识，只不过在路上看到我，就会问我是不是遇到了麻烦，还会担心这么晚我一个人会危险。而我的丈夫，总是让我伤心！”

“你怎么会这样想呢！”男子说，“你想想看，我只不过是给你一张纸巾，让你擦擦眼泪，可是你丈夫，和你一起应该有很多年了吧？每次在你哭的时候，难道他从没安慰过你？没给你递过纸巾？相信他做的比这多多了。你怎么不感激他呢？你怎么还要跟他吵架呢？”陈芬芬一听，整个人愣住了！

是啊，自己和丈夫结婚十多年，他总是处处让着我，呵护着我，吵架，基本上也都是自己耍小性子。他在危险的时候保护我，在伤心的时候安慰我，在我遇到问题的时候帮我出主意，我怎么就从没感激过他呢？而且，只为了小小的事，就和他大吵一架。

“谢谢你！”陈芬芬忽然想通了，站起身，往家的方向走去。当陈芬芬走到家门口时，看到疲惫、着急的丈夫正在四处张望。看到陈芬芬时，丈夫就先开口说：“你怎么才回来？手机也关机，不知道我会担心吗？”温柔的责备让陈芬芬的眼泪再一次不争气地涌出，她一下子抱住丈夫，哽咽着说：“谢谢你，亲爱的。”

有时候，我们因为别人的小恩惠，会为此而感激不尽，身边他给我们的幸福却常常被我们忽视。也许是时间冲淡了这一切，当我们习惯了爱人对自己的好的时候，会觉得那是理所当然，自然体会不到感动。其实，并不是婚姻让爱情变得平淡，而是你的心变得麻木了。

这就是生活，它会把曾经的美好变淡，淡到你已经感受不到它的美。但实际上，它一直都存在，关键在于你，有没有把目光集中在那上面。生活中不乏美景，我们缺乏的是一双发现美景的眼睛。

有一对男女，恋爱的时候他们如此狂热地爱着对方，但婚后，随着岁月的流逝，她对他的感觉开始变淡了。她的心，慢慢转移到别处。

无意间，她在一份杂志上看到一篇署名为剑雨的散文，细腻的笔法委婉表达了作者对婚姻生活的失望。看着那优美的文字，那一抹淡淡的哀愁，她被这位作者的才情所吸引。

于是她便心生结识之情。她写了一封信，让编辑部代为转交给作者，在信中她这么写道："我很欣赏你优美的文风，像你这么一个感情细腻的人，你的爱人怎么就不知道珍惜？"

她一直期待着剑雨的回复，但两个月过去，一点消息都没有。

就在她彻底失望的时候，在一个周末，她突然发现家中桌上放着一封信，那不就是自己写给剑雨的信吗！她一惊，继而又释然：自己怎么忘了老公曾经写得一手好文章呢？只是因为婚姻让他渐渐忘记了这个当初的爱好。

此时的他正在客厅里打扫卫生。她走进去，说："我来吧。"他一笑："没事，我来就好了。"她没笑，只是望着老公的脸，这才发现，其实老公仍然那么俊朗，于是她轻轻拥住了他。

女人不要一味地沉浸在最初得到幸福时的回忆里，现实婚姻里的每一天都是幸福的，我们要善于从爱人点点滴滴的关怀中体会到最平常的幸福。

婚姻中更多时候是平淡如水，我们大多数人的婚姻生活都不例外。所以，女人不要对你的丈夫苛求太多，多一些宽容和理解，少一些埋怨和唠叨。懂得惜福，珍惜眼前拥有的幸福，珍惜身边的一切，因为最珍贵的幸福就是平淡中的幸福。

别因鸡毛蒜皮的琐事影响婚姻

每一段婚姻在开始阶段都是美丽的，但度过了蜜月期后，家庭和工作上的事情会把人折腾得筋疲力尽，忘记了婚前对幸福的美好憧憬。这时，你就会发现对方越来越多的缺点，起初只是唠叨几句，接下来就是争吵和不能容忍，甚至在温暖不久的被窝里你想到了离婚。

感情是个十分敏感脆弱的东西，夫妻之间的感情尤其如此。往往都是一些鸡毛蒜皮的小事成了夫妻翻脸的导火索，比如牙膏要从底部挤起还是随意挤。婚前的山盟海誓，最终落了个离婚的下场。婚姻其实就是生活，鸡毛蒜皮之事看似虽小，但就像针尖一样，刺在谁身上都会疼。

有一对年轻的夫妻站在离婚登记处，女方看起来很“执著”，说什么也要离婚；丈夫在一边则显得茫然无措，很明显是不想离婚。

当工作人员问他们离婚原因时，男的什么也没说，女方回答了起来：“我的嫁妆，孩子过年收的红包，他都拿去替他们家还债了。而我们家想买点东西，他都舍不得花一分钱，说过日子要节俭。这样的日子，我是没法和他过了！”

听到这里，工作人员才弄清楚这对年轻夫妻离婚的原因，又问女方离婚还有什么其他原因，女方支吾了半天，重点还是放在男方抠门上。于是，工作人员便尝试着劝服这名女子：“十年修得同船渡，百年修得共枕眠。你们能够结为夫妻是多么不容易的一件事，既然当初选择了他，就该好好地维系这段婚姻，包容一些，为了鸡毛蒜皮的事就离婚，多不值啊……”

本来是很恩爱的一对夫妻，却因生活中的这么一件小事大动干戈，往日的亲密全无。婚姻是神圣的，既然当初选择了对方，就要用一颗宽大的心去包容对方的缺点和短处。好的婚姻是两个人用无限的爱与宽容堆砌起来的，要让爱不塌方，就需要双方共同经营，幸福之路才会走得更加长远。

小细节构成生活，心情的好坏其实是受那些鸡毛蒜皮的小事影响的。举例来说，一对夫妻离婚，只是因为男人不做家务，女人成天吃零食；还有一对离婚夫妻，只是因为男人没给女人买内衣，女人没给男人擦皮鞋；更有甚者，因为一个炒菜做饭的问题就要闹离婚，女的坚持放盐，男人就喜欢吃甜的，他偏要放糖，结果每次吵架的源头都是因为做饭。细节成就爱情，细节也能毁掉婚姻。

巧丽是独生子女，刚结婚时，偶尔和丈夫拌嘴，但都为丈夫着想，也没发生什么大的不愉快。后来，吵着吵着就习惯了，慢慢地越吵越频繁。吵架都是因为一些鸡毛蒜皮的小事，丈夫的臭袜子被她丢了，丈夫用完卫生间不冲水……

起初双方还能就事论事，一方激动，一方不言。后来，发展到双方都处心积虑地挑彼此的毛病，等机会一来就开始挖苦贬低。后来，又演变成了冷战。又过了一段时间，巧丽开始闹“离婚”，丈夫总是给她低声下气地赔礼认错。再过了一段时间，巧丽再叫“离婚”，老公也开始反击：“要离你就去离，法院就在前面，要不要我告诉你法院的门是往哪边开的？”

夫妻之间免不了吵吵闹闹，能走到一起至少说明是两相情愿的。说情人眼里出西施也好，还是郎骑竹马来也好，总之，为人处世，都要有一种风度、一种胸怀，夫妻之间更应如此。如果男人不端着大男子主义的架子，女人也没有了女领袖的姿态，彼此之间多一分包容和谦让，婚姻还会不和谐吗？

生活中不如意之事十之八九，婚姻生活中锅碗瓢盆磕磕碰碰纯属调味。不管怎样，要想维持幸福的婚姻生活，在遇到纷争时双方都要宽容对待，理性地解决问题，将大事化小，小事化了，不要轻易让这些鸡毛蒜皮的小事破坏了经营不易的婚姻。

第三辑　善待你的爱人

善待丈夫或者男友的女人，自己一定也会得到好感和尊重。一个女人如果总是抓住丈夫的错误不放，咄咄逼人，相信多数男人一定会对这样的女人避而远之。这也是为什么一些相貌平平的女人能够获得众多男士宠爱的原因之一。

大度一点，别因小失大

很多结了婚的女人，每当谈到自己的老公时，总是会说“我当初怎么就选择嫁给他了呢”，大有后悔自己当初没有擦亮眼睛，认认真真地选择之意。往往有这种感觉的女人，即使时光倒转，她还是会“稀里糊涂”地嫁给一个男人。所以，很多时候，当女人在家人面前抱怨自己的生活不如意时，总是听到父母劝导自己的女儿：婚前睁大眼，婚后半闭眼。

在这个世界上根本就没有完美之人，当婚前的激情逐渐被婚后的生活吞食后，女人们面对自己的丈夫时，应该更加宽容一些。

往往聪慧的女人都会对丈夫的言行举止睁一只眼闭一只眼，因为她们知道，每个男人都必然有其缺陷和优秀的独特个性，都有好的一面和不好的一面。当爱情在婚姻中慢慢变为柴米油盐的平淡时，以一颗宽大的心去包容丈夫的种种缺点，这才是最明智的做法。

陆梦婷的丈夫是一个讲义气并且能说会道的人，经营的两家网吧生意都很红火。他最大的缺点就是喜欢喝酒，并且逢饮必醉，每醉必骂。陆梦婷也是个非常精明的生意人，见人先带三分笑，无论是80岁的老人，还是三岁的孩童，无不在她的笑容里如沐春风。但她的缺点就是，见谁都笑，就是见到喝醉的老公不笑，而且非骂即打。

今天，陆梦婷出去办点事，说好了丈夫在家做晚饭。可是等到七点多回家一看，还是冷锅冷灶，也不见丈夫的人。打电话一问，说是从外地来了一个朋友，约他吃个饭。陆梦婷闻言气不打一处来，“啪”挂了电话。

等到九点多，丈夫醉醺醺地回来了。“你个挨千刀的！你再去喝啊！

干脆喝死算了！”饿着肚子的陆梦婷看见丈夫进门就骂上了。

丈夫一听也火了，推了她一把，这下更让陆梦婷怒火攻心了。她扑向丈夫，与丈夫扭打在一起……结果是陆梦婷的腿扭伤了，丈夫的脸被抓破了皮。

后来，两人就开始闹离婚。在亲朋好友的劝说下，“战争”好不容易得到了缓解，可是俩人的周围依然弥漫着战后的硝烟。

陆梦婷一次偶然的机会请教了一位婚恋专家，专家对她说：“如果你还想挽救你的婚姻，只有一个办法，那就是用一颗宽容的心去对待他，睁一只眼闭一只眼。睁一只眼就是要发现你丈夫的优点，闭一只眼就是尽量忽略掉他身上的缺点，做个糊涂的明白人。”

陆梦婷接受了专家的建议，开始对丈夫睁一只眼闭一只眼，夫妻间的矛盾果然少了很多。

一位妻子能否始终与丈夫相爱，全取决于她够不够明智。你可能不喜欢丈夫的某些嗜好，但你不能揣着仇视的心态对他这些嗜好横加干涉。也许你也有他不能接受的嗜好或习惯！如果他的嗜好不是什么低级趣味，习惯不触犯什么原则，就应该允许它们存在。

一个还在上学的女孩，发疯似的爱上了比自己大七岁、并不出色的男人，爱情成了她生活的重心，别人都觉得她很笨很傻，她听不进旁人对她的劝告，终于嫁给了他。面对婚后清贫的日子，她后悔万分，说不知道自己当初怎么会稀里糊涂嫁给这样一个男人，脾气不好，还死要面子。

其实，这都是因为女人在婚前放大了男人的优点。生活在一起后，满眼都是他的缺点，于是开始怨天尤人。我们都是凡人，有些事情不必太过较真。其实，换位思考一下，站在对方的立场上想一想，如果你是他，会怎么样呢？

成就一段美满的婚姻，需要夫妻双方的潜心修炼，除了理解、尊重和信任，还需要包容。有人说，婚姻就像一桌酒席，爱是主食，包容、理解、信任、尊重就是一道道菜，欣赏、幽默、趣味就是酒和饮料，只有同时具备上述几个品种的酒席，才算得上是完美无缺的酒席。

每一个人都是与众不同的，女人要学着以宽大的胸怀去包容丈夫的缺点。既然你爱他，就要接受他的全部，就算他有很多毛病，因为这是你选择的他，也是最真实的他。如果你想保持他对你的爱，那么就睁一只眼闭一只眼吧！只有你多记着对方的好，宽容对方的“坏”，你的婚姻就会时时处处洋溢幸福和开心。

适当时候不妨示弱

不要做强者，要做一个弱者。当双方发生争执时，一方选择牺牲或是忍让，就像是给对方的“礼物”一样——它早晚都会得到回报。

我们经常看到，在夫妻之间发生矛盾的时候，不管谁对谁错，道歉的总是男人，任性的女人们绝不会低头承认自己的错误。在男人的宠爱之下，久而久之，就形成了一种习惯，男人道歉似乎成了固定的模式。殊不知，男人也是感情动物，即使他再好、再宽容、再有耐性，也会有疲惫的一天。

女人们，想想看，如果一个男人对你产生了疲惫感，你们的婚姻还会继续幸福吗？所以，如果是你的错，学着在适当的时候向男人低头，认识自己的错误，求得他的原谅，这才是维系幸福婚姻的上上策。

瑶瑶的老公比她大，总是照顾她，不让她受一点伤害。老公虽然在外地工作，但每天电话是不会少的，天冷天热、增衣减衣，生活中的很多小事，老公都会提醒她。

瑶瑶的朋友都知道她有一个爱她宠她的老公。她也暗自开心，老公这么优秀，对自己那么用情，还有什么不满足的呢？他们和所有相爱的夫妻一样，也经常吵架，每次，老公都会转身来哄她。他会说：“你呀！总是这样，真受不了你，我投降了。”

后来，他们有了孩子，老公就回来工作了。瑶瑶还像以前那样，不为自己的生活琐事烦心，老公依然对她宠爱有加。但是，慢慢地，她觉得自己受束缚了。有一次，她和同事一起聚会，喝多了酒，凌晨1点多才回来。老公非常生气，立刻跑去另外一个房间睡了。第二天，他转身走了出去，因为他得知瑶瑶昨晚是和男同事在一起。可瑶瑶并没有放在心上，他每次都是转身与她和好，她习惯了。

好几天，她一直都在等他说“对不起”。

但是，一个星期过去了，他还是没有转身回来，她决定出去散散心。当她回来的时候，发现屋子里没有任何他的东西，打电话到公司，老板说他辞职了。

伤心的瑶瑶跑去向朋友哭诉，朋友静静地听着，突然问她：“为什么你不转身呢？”那一刻，她顿时无语，泪流满面。

在矛盾的相持阶段，人们之所以不肯低头认错，多半是碍于面子的问题，觉得谁先认错谁就输了。其实，男人比女人更注重面子。在爱情里没有输赢之分，也没有人会因为你主动对老公说了一句“对不起”而笑话你。当你走进了婚姻的城堡，就不要奢望男人像恋爱的时候那样对你处处忍让、千依百顺。即便有这样的男人，那他也会觉得不甘心。适当的时候，你也要学着低头。

林雪和丈夫结婚两年多了，小吵也经常发生，但这一次他们吵得很凶。其实事情也不大，就是为了谁去洗碗而发生了争执，以前都是丈夫先妥协，但是今天不知道为什么他坐在沙发上一言不发，也丝毫没有去洗碗的意思。林雪对他的沉默感到很恼火和伤心。

林雪哭了，丈夫也没过来安慰她，而是拼命地抽着烟。于是，林雪开始收拾行李，准备回娘家。话虽然这么说，但她的动作很慢，看得出她还是希望和解的。丈夫仍旧一言不发，也没什么行动。她慢慢打开门，而且再次停顿了一下。如果这时丈夫说一句话，哪怕只是喊一声她的名字，她就不走了。然而他没有，甚至他连看都没看她一眼。她伤心了，真的离开了这个家。

她回娘家住了一个星期，每天都期待着丈夫来接她回去。终于有一天，丈夫给林雪发来一条短信，她高兴地认为自己这次有台阶下了，看了短信后，她却傻眼了：我们离婚吧！林雪的眼泪一下子就决堤了，但还是倔犟地回了一句：离就离，谁稀罕谁啊！

每一次吵架她都不认输的，这一次也不会在他的面前低头。

有时候一句话可以毁掉婚姻，大多时候，一句话却可以拯救婚姻，那就是——对不起。大多数男人道歉并不是因为他真的觉得自己错了，而是他想保存你们之间的爱。因为爱，所以在乎。

婚姻就像万里长征一样，总是会遇到各种各样的问题和障碍，完美的婚姻是需要两个人共同去维持的，如果每次的争吵都是他先让步，就算是天使也会有厌烦的一天。所以适当的时候作出让步，低头向他说声“对不起”，仅仅三个字，并非难事，就像当初说“我爱你”一样简单，当然所达到的效果也会一样。

别太过多强调你的付出

经常听到一些久在围城里的女性朋友们抱怨："我就像一只陀螺一样，从早上开始就一直围着他转，围着孩子转，然后就转到单位里，晚上回来还要在一大堆家务里打转，你说，我一天天容易吗？就这样，他还不满意，嫌这嫌那。"

人际交换理论是社会心理学中的一个理论，这种理论认为，人与人之间的关系，是以一种类似于商品交换的规则为纽带的。而我们每个人心中也有着一杆秤，衡量着自己的付出和收获。这一原则，同样适用于夫妻关系。人们之所以经常会产生这样或者那样的对另一方的抱怨，是因为在自己倾其所有为这个家付出的时候，实际上他们也是期待着对方给予自己同等的回报，一旦觉得对方的回报没有达到预期的"量"，他们就会感到失望，抱怨由此产生。不仅是"吃亏"方感觉不好，其实，"占便宜"方也感觉好不到哪去，尤其以那些关系亲密的夫妻为例，总"占便宜"的一方更容易使自己产生压抑和负罪的心理。因为一方付出的太多，另一方似乎就没有了价值，没有了成就感。在所谓的舒适中被动生活，就会产生压抑，因为不会心安理得。婚姻就像一杆秤，付出多少都明明白白地标在了秤杆上……于是，夫妻间的爱就靠着这杆秤的平衡维系着。但是，倘若一方付出少了，一方得到多了，婚姻这个时候也就亮起了红灯。

有句话叫"善良的最高原则是保持受施者的尊严"。这句话放在婚姻里来说，就是"不要太强调你的付出"。说多了，对方会烦、会有压力、会觉得你是在施舍。你又何必做些出力不讨好的事呢？如果他看到了，你的付出自然会有价值；如果他看不到，你说再多也没用。

晓萍原本是个幸福的女人。大学毕业时如愿嫁给了自己的男朋友，跟他结婚生子，日子平静顺利得让人羡慕。而她，也从来没掩饰自己的幸福。

可是，这段让人交口称赞的婚姻突然间像失去了藤蔓的牵牛花，在一夜间迅速地垮掉了。听者无不惊奇感慨。其实，毁掉这段婚姻的不是别人，正是晓萍自己。

丈夫家境贫寒，当初创业时用了晓萍娘家20万。好在丈夫也争气，不出几年，不但挣回了本钱，还把事业发展得很大，生活越发有声有色。而丈夫一直忙于扩张事业，家里的事都落到晓萍头上。晓萍一边照顾孩子，一边忙着自己的工作，还有两边的老人。虽然很累，但是想到丈夫、家、孩子，又觉得非常幸福。她又要忙工作，又要照顾家，精力明显不够。晓萍跟丈夫商量过后，把工作辞了，做了全职主妇。

开始的时候倒也不错，但慢慢地，晓萍看着光芒尽显的丈夫，心里总会产生一种难言的恐慌。特别是跟他一起参加一些社交场合时，晓萍看到一些年轻漂亮又野性十足的小姑娘，毫不忌惮地表示着对丈夫露骨的兴趣，她心里就像压上了块大石头，沉重得喘不过气来。她们正是大好的年华，自己却是个终日待在家里看家、照顾孩子、伺候丈夫的黄脸婆。

一害怕，她的行为就有些失常。晓萍开始无端地怀疑丈夫，回家太晚就会神经质地追问他去了哪里。丈夫累了一天，一有点不耐烦，晓萍就会恶狠狠地甩上一句："你别忘了你的今天是怎么来的！是我们家给了你20万！我为了你、为了这个家，辞了职，全心全力地伺候你爹娘、你儿子！做人不能没有良心！"

开始的时候，丈夫总是无言地忍了。看着丈夫那张隐忍的脸，晓萍就觉得特别安全，这个男人欠自己的，所以，他永远都是自己的。

但是，她显然低估了自己这些话的杀伤力。特别是到最后，她已经形成了习惯，每次吵架总会拿出来说道一番。在一次激烈的争吵之后，丈夫终于咬着牙说出了"离婚"。晓萍气得浑身发抖，忍不住又要拿出那段说词，还没说完，就被丈夫打断了："我知道，我用了你们家20万，我欠你的今天再还一次，连利息一块算上。行了吧！"

晓萍试图用不断地提醒丈夫的"起家史"来引发丈夫愧疚的做法，从本质上讲是愚蠢的。丈夫先前的容忍，确实有愧疚的因素在内，但长此以往地强调，会让他想起过往的"难堪"。他觉得自己受到了侮辱，进而产生摧毁婚姻的欲望，因为这段婚姻在时时地提醒着他，他的成功，是因为一个女人无条件的付出和牺牲。这是他的自尊心不允许的。也许，以前这段婚姻并没有带给他这种难堪。每一个人都是有自尊的，随着晓萍的不断提醒，晓萍丈夫潜意识中不想重视的一些因素就会跳出来折磨他的尊严。很显然，这段婚姻出现问题几乎是必然的。

其实，任何一段婚姻中，都会存在不同程度的付出和牺牲。不论男女，在婚姻面前都是有牺牲的。丈夫为了家庭，放弃了很多和家人欢聚一堂，共享天伦的时间，在外面浮浮沉沉，说不定还要受尽冷眼算计，才能换来一时的成功；而妻子为成全丈夫的事业而牺牲、割舍自己的前途。当你一旦决定走进婚姻，那么，也就意味着，你同时选择了面对这些牺牲，并且在这些牺牲上，保持"缄默"。你可以记得，可以偶尔拿出来叨念一下自己的付出，但切忌不可太过强调。毕竟，当时你是用它换取你们婚姻的相对平衡。可是，普天之下，作出牺牲的并不只有你一个，至少还有你的另一半，有一切和你一样待在围城里的男男女女。当你把"付出"当筹码不断地向他"邀功请赏"时，你的付出反而会累坏了婚姻。

智慧地付出、适度地付出是维系幸福和谐的婚姻的重要砝码。如果对方的限度已经承受不起你的付出，最终结果只会让会婚姻不堪重负。超额付出很有可能导致两种后果，一是让付出者产生抱怨心理；二是承受者会"不堪重负"。

很多人喜欢将自己的牺牲和付出看作是对对方的一种爱、一种成全。比如说放弃工作、交际圈、时间，都以为这是爱的表现形式。实际上，放弃得越多，越没有安全感，生怕自己的放弃得不到对方的回馈。于是，"我为了你……""你这样的表现真对不起我的放弃和付出"等抱怨的话语就出现了，隐藏在这些抱怨的背后其实就是不安和危机。如果超额付出，没有用抱怨的形式表达出来，而是以一种凌驾于对方之上的高姿态来表现，在这种情况下，承受方会有种不自在和憋屈的感觉。

著名心理学家海林格认为，在婚姻生活中，如果付出方一味付出不懂接受，承受方很快就不想再接受另一方的付出了；如果付出太多，超过了承受方的回报能力时，承受方就会产生结束关系的想法。因此，作为夫妻双方，需要对婚姻有个正确的认识，即两个独立的人选择了共同生活的方式。你们可以相互温暖、相互依靠，但是，千万不要太强调你的付出，这样你们都会累。

多给男人留一些面子

男人是最要面子的，所以男人是最怕女人损伤他的面子的。在他们的内心有个铁一般的原则：头可断，血可流，面子坚决不能丢。作为女人要了解他的这种心理，在该给他面子的时候，一定要给足，这样你们的感情才能更加持久，你们的婚姻才能更加稳固。

在别人面前，女人一定要给足男人面子，掌握好自己言行的分寸，要让老公在朋友面前感觉倍儿有面子。千万不要依仗着他对你的爱，就肆无忌惮，不分时间地点来斥责他，这样只会让你们的婚姻走向破裂的边缘。

其实在婚姻生活中，有些妻子从未考虑过男人的这种心理，有的时候，她们会把在家中对待丈夫的那一面表现在公众场合中，以此凸显出自己在家中高于丈夫的“尊贵”地位，并以此为荣，而没有看到这样做的负面结果。

妻子这样做的直接结果一般会有两种：一是使丈夫感到很尴尬，很狼狈，让丈夫威信扫地，以至于使其成为社交场合中被人嘲笑的对象；二是使丈夫对妻子产生反感，对妻子的这种行为甚至是其他行为采取抵抗的做法，这样的行为甚至会成为家庭矛盾的导火索。总之，不管哪一种情况，结果都是不好的。看来做妻子的给丈夫留点面子，是必须要做的事情。

我们在公众场合不难看到这样的场景，男人在给妻子打电话时总是要提高声调八度：“别啰唆了，我正忙着呢，我晚点回家，好了，先这样吧！”此时，围观的人肯定会坐等好戏。聪明的女人一定会和颜悦色地说：“我知道了，老公，如果今天加班太晚就给我打一个电话说一声。”通话一结束，老公在公众面前的形象一下高大了起来。等回到家，老公一定会为你给足他面子而开心。此时的他精神百倍，抢着要做家务。这才是一个聪明女人言行收到的回报！那些不明智的女人总是让自己的男人在公众面前感到难堪。男人好面子，这是不争的事实，你给足了他面子，他一定会对你感激不尽，投桃报李也自然是水到渠成之事。

男人可以容忍自己的妻子在家中对自己呼来喝去大多是出于对妻子的爱，但没有哪个男人会宠爱一个从来不知道给自己留一点面子的女人。如果想要做一个幸福的妻子就要清楚当众蔑视丈夫的做法是一种多么愚蠢的行为。所以，一个聪明的女人懂得怎样给丈夫留足面子，能够把握这种分寸也可以说是一种艺术。

男人视“面子”如生命，就算是男人在家中毫无地位可言，一旦在公众场合出现，他还是希望自己的妻子能给足自己面子。从来没见过哪个男人会当着外人的面说自己在家里是如何的没有地位，因为，那样做只会尊严尽失。

你可以在家里享受丈夫的服帖，在公众场合则没有必要显耀出来。否则没有谁会对你的霸道羡慕不已，也不会夸奖你会相夫教子，别人则会在暗地里给你扣上一顶“母老虎”的大帽子。

只有在外给丈夫留足了面子，大家才会欣赏你的“识大体”，丈夫才会更加爱你。

有一位老总的妻子很懂得给丈夫留面子。当只有夫妻二人在家时，她说一不二，丈夫也是百依百顺。丈夫虽然贵为公司老总，但对妻子是百依百顺，堪称老公中的典范。可是，一旦家里来了客人，或是公婆来到家里时，妻子就像变了个人似的，十分自觉地把自己放在服务的地位上。她主动地给他们端茶倒水，丈夫说的话也从不反驳，而是主动照办。她这么做不仅给丈夫留足了面子，更维护了丈夫在外的形象，而且这种做法在实际生活中起到了支持丈夫工作的作用。这一点使得丈夫对她十分感激，并常常在人前人后夸奖妻子有分寸，在家中对妻子更加宠爱、关心和敬重。

在现代人际交往中，妻子陪同丈夫一起参加社交活动早已是家常便饭之事。在这时，妻子一定要当好“绿叶”，映衬好丈夫这朵“红花”。千万不要当着别人的面对丈夫颐指气使，让丈夫难堪，即便是出于为他好的目的也要掌握好自己的说话方式。

常言道：树活皮，人活脸。人人都为尊严而活，男人更是如此。在男人的世界里，尊严高于一切，男人可以什么都不要，唯独不能不要尊严。明白了这一点，以后请给你的丈夫多留一些尊严。

爱没有合适不合适，只有珍惜不珍惜

每个女人天生都爱幻想，在面对即将来临的婚姻时，往往充满着想象，好像所有的童话故事最完美的结局都是王子与公主终于结婚，从此过上幸福的生活。而生活中，形容美好婚姻的词汇太多，两情相悦、比翼双飞、夫唱妇随……然而这一切都是你自小从童话故事中得来的印象，完全是理想中的婚姻生活，与现实存在着巨大的差异。

其实，婚姻的幸福与否，不在于能否找到一个完美的人，而在于能否学会宽容地看待一个不完美的人，从而达到心灵的契合。在恋爱期间，双方就应该意识到这点：对于对方而言，你可能不是一个完美的人，那么，在婚姻存续期间，双方就能够针对自身的“不完美”加以改进，逐步达到能让对方“宽容”的程度。一个家庭就像一个储蓄爱情的银行，这个银行是“蒸蒸日上”，还是“破产倒闭”，关键就要看两个人如何经营。

千万不要指望婚姻能解决一切，诸如婚前男人是个工作狂，从不陪你逛街，借口是为了将来能让你过上好日子，于是女人就以为结婚后他一定能踏实下来；婚前他嗜烟酒如命，于是女人又以为婚后他一定会为了自己和孩子，放弃这些“不良嗜好”；婚前男人不喜欢做家务，女人总是以为男人在父母身边待久了，习惯了不问家事，结婚后有了自己的家自然就会承担起责任来……

若真如女人们所设想的一般，就不会有那么多怨妇和家庭纷争了。

阿琴在婚前就发现男朋友是个花钱大手大脚、死要面子活受罪的人。但是，那时她认为男人哪有不要面子的，再说一个连面子都不要的男人，那也不值得自己去爱。因此，当男朋友拿着钻戒、玫瑰花向她求婚时，她觉得自己就是世界上最幸福的女人。

伴随着一场豪华而完美的婚姻，阿琴成了那个男人的妻子，婚后却发现薪水并不丰厚的丈夫总是对一些知名品牌情有独钟，从时尚数码到衣服鞋帽，无不要求名牌傍身。到了婆家一看，更是被吓了一跳，公婆虽是普通工薪阶层，却也挥金如土，甚至连浴室的拖鞋也是某名牌的。

很快，家里需要添置一台洗衣机，她去和丈夫商量，丈夫却说没钱，等等再说。也是这时，她才发现丈夫居然连一分存款也没有。生气之余，更多的是对自己未来生活的不安。就这样，两人的战争也开始点燃，总是为一些柴米油盐、鸡毛蒜皮的事情吵架，而一切的导火线就一个字——钱。

阿琴又是后悔，又是伤心。当时恋爱时，丈夫总是为自己买贵重的礼品，那时她觉得那是丈夫舍得花钱，是真心爱她；而如今却觉得丈夫大手大脚是不顾家，不会过日子，对家庭没有责任感……

吵吵闹闹中，阿琴的婚姻走过了七个年头，而丈夫“乱花钱”的习惯并没有因为她的不满而有所收敛，反而变本加厉，甚至债台高筑，两人也不得不从原来的年租房搬进了月租房。原以为婚姻能够改变丈夫的生活习惯，也能唤醒丈夫的责任心，没想到一切都已落空。如今，阿琴只有一个想法，就是和丈夫离婚。

其实，婚姻的成功关键在于婚前的选择和婚后的经营。和爱情相比，人们厌倦婚姻的原因是它太无所顾忌。

台湾作家三毛说：“爱情如果不落实到穿衣、吃饭、数钱、睡觉这些实实在在的生活里，是不容易天长地久的。”婚姻是人与人之间最深刻的关系——精神与肉体合二为一，但却又相互独立存在。“1+1=2”这不是成功的婚姻，而“0.5+0.5=1”才是真正成功的婚姻，即两个相恋的人各自削去自己的个性和缺点安安稳稳地居家过日子。

或者说，婚姻就是一堆琐碎的事加上两个相看生厌的人。如果你没有准备好接受并承受这一切琐事和平淡，就千万不要盲目地步入婚姻的殿堂。

有一位聪明的母亲这样问将要步入婚姻的女儿：“你认为结婚以后，他有没有需要改变的缺点？如果他的习惯、能力和人品没有任何改变，你还会一如既往地爱他吗？如果你敢保证不后悔，我就同意你们的婚事。”

当时，她的女儿认真地考虑了很多天后，对妈妈说：“我确信自己不会后悔。”所以她明确地告诉妈妈自己决定结婚。

其实，“婚前选你所爱的，婚后爱你所选的”，即使出现矛盾，也要多想想对方的好处，只有持有这样的心态才能让你的婚姻走向幸福。缘分是天意，如不去珍惜，爱情和婚姻都不会天长地久。

了解男人的“亲密周期”

夫妻结婚时间久了，对彼此的新鲜感就会丧失。于是，“疲惫”的情感会让婚姻进入“瓶颈期”，如果无法通过有效方法度过这一特殊时期，婚姻将会以失败告终。男人喜欢上女人的前提就是，周期性的抽离。懂得了这个男性的“亲密周期”后，两个人的感情才会变得深厚、牢靠。

男人的“抽离”通常会被女性误解，因为她们之所以会采取同样的方式，出发点是和男人不一样的。当她不相信自己能被他了解时，当她受伤害怕时，她就会选择抽离的方式。

男人抽离的理由区别于女人的是，就算她没有犯过任何错误，他也会选择抽离。可能她被男人无限信任和深爱，但男人依然会选择抽离。他如同橡皮筋一般，拉紧了又会自己弹回来。

为了满足独立与自主，男人会选择抽离；当他完全抽离后，他又渴望在一起时候的亲密，又再一次将关系恢复到亲密状态。在给予爱和接受他需要的爱的时候，男人会表现出积极主动的一面，当他回来时，会将已经拉开的关系恢复到亲密状态，而不需要再走一遍重新熟悉的老路。

最近李茜总觉得自己的老公行动诡秘。每天晚上吃完饭后，就得出去一趟，也不说哪儿去，感觉怪怪的。李茜开始揣测起来：他这是干嘛去啊？幽会？不像啊，出去时候他也没怎么打扮，而且出去一趟也没有幽会那么长时间啊。那还是悄悄去抽烟？也不可能啊，他向来都是躲在阳台上抽的啊。

怀着这样的心理，李茜竟然悄悄跟踪了老公。只见老公出小区后，径直向建筑工地走去。那工地正好有几栋大楼在打地基，施工现场乱糟糟的。在这个工地上，除了工人几乎就没有其他人了。只见老公静静地站在那里，一动也不动。大概半小时后，他从地下捡起一颗小石子，用手掂了掂后，放下石子就转身回家。李茜被眼前的一幕惊呆了：岂有此理，吃撑了吧！原来这几天，跑这工地上就干点这事情啊。

老公除了晚饭后去工地走走，也不知道什么原因，和李茜也变得好像疏远了起来，总想着自己能静静，有时候连话都不想和李茜说。李茜用尽一切办法想扭转这个局面，但情况似乎变得更加糟糕了。他看上去就像个陌生人一样，李茜不知道自己究竟错在哪里，难道自己真有那么可怕吗？要不然，他怎么都不想理自己呢？

男人之所以选择这样做，只是为了“独处”和“反省”的需要得到满足。就像橡皮筋一样，拉紧之后，转瞬间，就会反弹回来。同样的道理，经过一段时间的“反作用力”后，男人就会重新产生强烈的恋爱感！在他心底，会爆发出更强烈的激情和冲动，他的女人会得到他更多的爱。此时，他和女人的关系变得更为亲密，没有一丝生疏感，也没有理由再次重新熟悉彼此。

所以女人一定要充分了解男人的“亲密周期”，当男人处于爱情疲倦期时往往有如下几个方面的表现：总是加班到深夜回家，第二天很早就赶着上班；你每次和他通电话，他总说自己很忙，草草了事，几乎无话可说，当和别人聊起天来，却总是表现出一副要大侃特侃的嘴脸；能陪你逛街的次数也变得屈指可数，周末经常借各种理由外出；每天下班后，他几乎不和你交流，而是一头扎进他的“游戏世界”；总是主动让你回娘家或者出去旅游；在日常生活中，挑你毛病的次数明显增加；性生活次数越来越少，就算是难得一次也时常表现出缺乏耐心甚至是力不从心。

当男人在某一时期对婚姻感到倦怠时，不要老是挑剔他，不要想方设法重新塑造他。而要扪心自问地想想：我给他带来过什么——无忧的生活条件？精神世界的充实？安全感、幸福感？哪怕是你在日常生活中为对方做了一件不起眼的小事情，就像一个拥抱、一个微笑、一个亲吻这么简单，都可以让对方感受到温情。

女人了解男人的亲密周期是十分重要的。当男人像橡皮筋一样抽离和弹回时，有些女人会很迷惑，可能误以为自己出了什么错才惹得他不满。所以，想要让彼此之间都得到放松，你一定要了解男人的亲密周期，这样婚姻生活才会变得和谐幸福。

我们常常听人说婚姻会经历七年之痒的这个阶段，其实许多婚姻，当达到一定婚龄时就会出现一些问题。尤其是在目前彰显个性的时代，谁都不愿再委屈自己，离婚呈现新的特点：婚龄越来越短，离婚率越来越高。其实，我们可以把每个人比喻成一本书，因为再好的书，当读第二遍的时候也会觉得平淡、枯燥，所以，我们要常常保持更新状态，让自己有更多的新内容。聪明女人懂得用智慧来经营自己的婚姻。

学会为你的男人着装

在我们的印象中，饰物似乎是女人的专利，其实男士同样需要饰物的陪衬，以尽显男士风度。

西装的搭配对于一名男士来说是尤为重要的。比如眼镜、笔、袖扣、领夹、手表、结婚戒指、皮带等配饰，都属于金属范围内的物件，应尽量选择同一色系搭配，这样才能将个人品味充分展现出来。

男士服饰中重要的配件还有领带、领结等。近年来，我们在许多非正式场合都看到有很多男士都佩戴领巾。因此商界男士在搭配西装时，掌握衬衫、领带、鞋袜和公文包与西服搭配的基本常识就显得尤为重要了。

（1）衬衫

在搭配西装时，应当选择正装衬衫。下述几个方面就是正装衬衫的特征：

正装衬衫主要以纯棉为面料。我们也可以酌情选择以棉、毛为主要成分的混纺衬衫和西装进行搭配。

就色彩而言，正装衬衫色彩较为单一。在正式的商务宴会上，商界男士的最爱非白色衬衫莫属了。除此之外，我们也可以选择蓝色、灰色、棕黑色等色系的正装衬衫和西装进行搭配。

正装衬衫基本没有图案。在一般性的商务活动中，男士们也可以穿着较细的竖条衬衫。但是，不可以同时搭配竖条纹的西装。

方领、短领和长领是正装衬衫的较常见的领型。当选择这几种领型的衬衫时，可以根据自己的脸形、脖长以及将打的领带结的大小来进行选择，千万不要选择和自己反差太大的衬衫。我们有时也可选用扣领的衬衫。

就衣袖而言，我们必须选择长袖的正装衬衫。

选择正装衬衫时，最好以无胸袋的款式为首选，免得乱放一些东西在里面。即使选择了有胸袋的款式，也不要放东西进去。

穿着正装衬衫与西装相配套，有下述四点注意事项：

一是衣扣要系上。和西装搭配的时候，应把所有衬衫纽扣都系好。只有在不打领带的时候，才可以解开领扣。

二是袖长要适度。搭配西装时，袖口露出的长度要长短适度。最佳选择是，将衬衫的袖口露出来1厘米左右。

三是下摆要放好。穿长袖衬衫时，不论是否搭配西装，都要将衬衣下摆系于裤腰之内。

四是大小要合身。除休闲衬衫之外，衬衫大小要适度，不能过于紧身，也不能过于宽松、肥大。需要强调的一点是：衬衫下摆不宜过短，衣领和胸围要松紧适度。

此外，男士们在自己办公室的时候，可直接穿着长袖衬衫、打着领带，将西装暂时脱下来。但是，外出办事的时候，就必须要穿着西装了。换而言之就是，在参加正式活动时，如果不穿着西装上衣是不合乎礼仪规范的。

（2）领带

对于商界男士来说，穿西装时最为重要的饰物就是领带了。在欧洲和美国，领带、手表和袖扣并称为“成年男子的三大饰品”。

就领带本身而言，并不具有其他特别的存在感，领带之所以能带给大家美的一面，就是由于它和其他服饰搭配后的效果。系领带的男人总是给人一种成熟稳重的感觉。领带不仅仅代表了男性的个性与品位，在选择领带时，也要注意领带颜色和图案给你的印象。领带的颜色最好是和西装同一色系，这样才会感觉协调一致。

一般情况下，让人感到热情、温暖的要属那些暖色系的领带，冷色系的领带则体现出庄严的感觉，色系明亮的领带会给人一种活泼、开朗的感觉，在吊唁、慰问死者家属或丧礼等场合必须佩戴黑色系领带。

①斜条纹的领带。正直、权威、稳重、理性，这是斜条纹领带给人的第一印象，在谈判、推销、演讲、开会、主持会议的场合适合使用斜条纹的领带。

②方格子和点状的领带。这种领带给人一种中规中矩、按部就班的感觉，在初次约会见面或会见上司和长辈时合适佩戴这种领带。

③不规则图案的领带。这类领带最好是在下班后的非正式场合使用，例如约会、朋友聚餐等场合。

也有人喜欢戴上社团或是印有公司标志图案的徽章等，给人以归属感，希望被尊重、肯定和认同。在特定团体的聚会适合佩戴这样的徽章。

佩戴领带有几项注意事项须得留意，才不会失礼：

①打好领带后，将领带一端小剑带穿过大剑带背后的布扣，这样做可防止领带的分离移动，看起来也会更美观一些。

②如果是系带太长的领带，切忌将领带末端塞入裤腰带，这种做法极为不雅，也大大降低了佩戴领带的效果。

③系好领带后，请检查一下领带在衣领后是否露出或有歪斜情况，如有这样的情况出现，不妨换条宽领带。

④系领带的方式一定要得当，如领带拉得太低会给人一种轻浮的印象，这样既不雅观，也会将领带的原有品位破坏掉。

（3）鞋袜

穿西装时，搭配的鞋袜一定要统一配套才行。

就与西装配套的鞋子而言，男士们只能选择皮鞋。这皮鞋，一定要选择真皮质地的皮鞋。一般情况下，与西装最为般配的就是牛皮鞋，羊皮鞋、猪皮鞋则显得不是很合适。需要强调一点，磨砂皮鞋、翻毛皮鞋属于休闲皮鞋类，不能与西装搭配。就与西装配套的皮鞋色系而言，以深色、单色最为合适。黑色皮鞋就是最适合搭配西装的首选。

商界男士应当选择庄重而正统的皮鞋。根据这一特点，首选要属系带皮鞋。如船形皮鞋、盖式皮鞋、拉锁皮鞋等，都不适合商界男士。

另外，男士在穿袜子时，必须遵守下列三项规则：

①袜子要干净。袜子一定要勤洗勤换，以免出现异味让自己难堪，也让别人闻着难受。

②袜子要完整。穿袜之前，一定要看看有无破洞或是刮丝的情况出现。如果有，一定要更换。

③袜子要合脚。出席正式的场合，袜子一定要大小合脚。特别应当注意，不能穿露出脚踝的袜子。袜子太小，易滑、易破；袜子太短，则会让自己的脚踝关节露出来，显得不是很雅观。一般情况下，袜子的长度不应低于自己的脚踝关节。

最后，还须强调，光脚穿皮鞋是不可取的。商界男士切忌那样去做。

男人的旧账切不可翻

一些看似模范的夫妻一旦发生了争吵，妻子总喜欢把一些陈年旧事翻出来说事，结果使矛盾激化，甚至不得不以离婚收场。一般结了婚的男人都不愿意谈论从前的一些过失，尤其是恋人，聪明的妻子应懂得如何好好地把握现在，而不是一个劲儿地追问过去的事情。

有的夫妻吵架时，什么陈年旧账都喜欢拿出来翻翻，次次都是这样，实在是让人不堪忍受。例如几年前老公忘记了结婚纪念日，在多久之前老公和前女友通过一次电话……不吵架的时候显得一切平静，但当争吵一旦爆发，这些个破事儿一定会被拿出来说事儿。久而久之，积怨不但会变得更深，而且还容易让婚姻走向破裂的边缘。

有些夫妻吵架，老婆还喜欢翻出老公的旧情人来说事儿。既然你们已经成为一对夫妻，过去的事情已经成为了历史，在争吵时拿出这些事情来对峙是非常不理智的行为。夫妻不应该相互猜疑，而应该多些信任和宽容。

晓梅陪老公一起挑选领带，一抬头便看见了老公的前女友，在这个尴尬场面下，大家只能彼此寒暄一番：“你一点也没变，还是喜欢蓝色的领带！最近你还好吧？”老公的前女友问。

等老公的前女友走了以后，晓梅刚才还笑嘻嘻的脸，现在却拉得很长，三四分钟没有搭理身边的老公。

“你怎么啦！不舒服啊？”

“没有啊，很好啊！”

“那怎么不说话？”

“我哪有不说话了！看你刚才那高兴的样子，她还记得你最喜欢的领带就是蓝颜色的领带呢。”

“我和她早已是过去的事情了！我和她说话的时候，不是一直拉着你的手吗！”

两人在争辩之下走进了一家餐厅。两人的用餐氛围变得甚是尴尬。

“你点的这些菜，是不是也很符合你那位前任的口味啊？跟她在一起一定比和我在一起甜蜜吧？”晓梅以酸溜溜的口气说道。

老公一听，这火气就上来了，大声说道：“我和她已经是过去的事了，你吃什么醋啊！”

晓梅一听也来了火气，二话不说转身就走，老公马上追了出来：“你别走！现在就把话说清楚，免得以后你再拿这件事说事！”

如果妻子时常在老公面前翻这些陈年旧账的话，久而久之，积怨会越来越深，看老公不顺眼不说，并且很容易引起“并发症”，最后转变为难以治愈的“癌症”。别忘了，夫妻之间的爱应是不计前嫌的，是相互支持的。

在婚姻生活中，夫妻之间发生一些争吵是难免的。其实，夫妻间的磕磕碰碰，是关系向稳定和谐发展的一种必然磨合作用使然。因此，只要没有引起激烈的争执，应当是可以理解的。

夫妻之间交流感情的另类方式就是吵架。这样说是有一定根据的。但是，进行这样的“交流”也要遵守一定的规矩，翻旧账就是不遵守规矩的行为之一。因为翻旧账，等于放大了家庭矛盾，翻旧账的人会感到越来越气愤，而被翻旧账的人则是感到无比的委屈。结果，矛盾在这样的环境下不断升级，最终引发家庭战争。

每个人都有属于自己过去的“秘密”。贤惠的女人，从来不会提男人的“陈年旧账”，即便是在面对男人这些“陈年旧账”时，她们也会一笑置之。过去，你并不拥有他，而现在你们组建了家庭，日夜相伴。二人世界不仅需要理解和支持，还需要原谅、创造新生活。你也有自己的过去，有自己无法忘记的一些事情，要是男人也总是拿你的旧事出来作为吵架的理由，你会怎么想呢？所以，有时候换位思考一下，也许就觉得没必要了。

不论因为什么事情发生争吵，夫妻之间都要遵守“就事论事”这个规则，切忌翻旧账。如果因为钱争吵，就只谈钱。倘若翻起一些无关钱的旧账，花多长时间也说不清楚了。夫妻之间不管争论得有多厉害，也不能记仇，事后就一定要忘记。如果非要记仇翻旧账，这种行为无异于是在旧伤口上撒盐。

两个人长期生活在一起，免不了要发生一些口角，这就需要有忍让的心态，夫妻之间要相互包容对方，切不可翻旧账。

不要束缚他，男人更需要爱

女人们总是希望自己的老公是一个能满足自己各方面要求的完美老公。一方面他要有事业心，收入才能比别人多，以保证你生活的质量；另一方面，又希望老公能够每天多花一点时间陪你。希望老公是一个好丈夫，给予你无限的宠爱；希望丈夫能成为一个好的父亲，把孩子教育得很优秀；希望丈夫可以好好孝敬自己的父母。

男人应该得到女人的理解和体谅，女人更应该选择主动去理解他们，男人天生就不喜欢被束缚，当你过分要求他时，他就越会偏离你的期望。你要知道爱可以请求，但是不能够要求。

眼下，是一个人情淡薄的年代。作为女人，如果你的老公很爱你，还很有责任感，你就是幸福的。你千万不要没完没了地要求你的老公，否则，他早晚会被你压垮。

杨小乐刚和老公结婚的时候觉得很幸福，可是时间一长，过惯好日子的她看着眼前的一切都不像以前那样顺眼了。现在的生活让她觉得乏味，她产生了辞职的念头。老公就说："那你辞职吧，我赚钱养你。"就这样杨小乐做起了全职太太。她结识了一些全是和她一样的朋友，并看到了那些全职太太朋友们的优越生活。她对自己的现状更不满意了。

她开始埋怨老公，总是说诸如此类的话："你看晶晶的老公，多能挣钱啊？昨天给晶晶买了一条3万块钱的项链；她们家的房子多大啊？车子也是最新款的……为什么她的命那么好，而我却嫁给了你这个穷光蛋。"老公什么都没说，为了能够达到妻子想要的生活"质量"，他选择下海经商。

生意还算顺利，在物质上他可以给杨小乐的越来越多。可是在给了她大房子、好车子、漂亮衣服之后，杨小乐的要求又升级了，她需要的是常人更难企及的名利与享受。

在杨小乐的不断要求下，老公更加拼命地工作，甚至放弃了已经很少的休息时间。这个时候，杨小乐又怪老公没时间陪她，于是，老公又从繁忙的工作中抽出时间来陪她。

久而久之，老公的身体已处于超亚健康状态，而杨小乐并没有感觉到。直到有一天，老公因疲劳驾驶出事，永远地离开了她，杨小乐才醒悟过来，正是自己无休止的要求害死了老公，可是后悔已经晚了。

你向他提出请求，是在肯定他的价值和能力。在本质上，你等于表明他很有能力，或者可以达到什么样的目的。可是，当你提出的是要求时，你表现出来的就不是爱了，他不但不觉得是被肯定，反而感到被贬低了。

请求带有选择性。他可以成全你的请求，或者否定你的请求，因为爱永远是一个选择，如果他答应了你的请求，表示他关心你、尊重你。而要求则带有强制性，他也许会依从你的要求，可那并不是爱的表达方式。那是一种被动的行动。因此，请求制造了表示爱的可能性，而表示爱的可能性是被要求扼杀掉的。

你要懂得，男人需要的不是要求，而是爱。爱，是相互的。你给予得多，得到的会更多。要求也是相互的，你要求多少，承受的要求就有多少。所以，如果女人给老公更多的爱，将会换来一个更加上进的老公。

爱可以请求但不要一味地要求，当你想要丈夫做某件事的时候可以对他进行适当的引导，不仅可以让他达到你的要求，还能增加你们之间的亲密感。比如，当你想吃老公做的烤香肠时，你可以这样说：“亲爱的，你知道你烤的香肠多么诱人吗？要是今天能吃到就好了。”如果你想让他修一下马桶，可以说：“老公，能不能修理一下马桶，要不然我们就得花钱去外面的公共厕所啦！”

女人对男人的请求，表达了你对他的需要，会让你们的感情更加稳固；而如果以要求的方式提出，是表示让他完成你的需求，久而久之，会让你们和谐的关系出现裂痕。所以，聪明的女人一定要明白，适时地把要求改成请求，会让你更快地达到目的，还能巩固你们的感情，何乐而不为呢？

男人需要家，不仅仅是因为家里温暖，还因为有爱。想让男人更爱家，不是要求他爱家他就会爱家，而是用你的真心、爱心和温馨去让他感受到家里的温暖和爱，从而让他更爱家。男人的避风港就是家，当避风港全是你的要求之时，那么家就不再是避风港，而变成了战场。

第四辑　距离产生美

保持距离的优点是：夫妻之间短暂的分离，就像一个疲惫的人在短暂的休整后，精力变得更充沛。让爱情打个“盹儿”，会让彼此产生一种幽幽的思念，仿佛又回到了那个少男少女恋爱的岁月。

亲密仍需有间

婚姻就犹如一幅作品。当你离得太远去观摩的时候，会看不清楚；而当你放得太近了，也会失去作品真正的艺术效果。只有拿捏得恰到好处，才能尝出个中滋味。

男人在热恋阶段，由于不是生活在一起，且每天相处之时，只会表现出自己优秀的一面，隐藏自己的缺点，所以使得对方会觉得自己的伴侣是完美的。常言说得好，恋爱就像一场追逐捕猎的游戏，你既是猎手，也是猎物。你会使用浑身解数展示自己的优点，犹如孔雀开屏、黄莺妙曼的歌声，都是希望吸引住对方，把他（她）牢牢地抓在手心。初恋时的若即若离、时聚时散，总是让人魂牵梦绕，遐想联翩。这也是为什么初恋总会给人留下美好回忆的原因。

可当男人结婚之后，就是另外一回事了。共同生活在一个屋檐下，每天所想的不再是那些美好的童话生活，而是柴米油盐这些琐碎的小事。同时因为每天朝夕相处，对方的缺点也暴露无遗，自己的伴侣已经不再是自己幻想中的那样完美，一切不再是雾里看花、水中望月，朦胧的美感也已消失殆尽。热恋期间，她的任性和天真，都让你感到她是那样单纯可爱，可婚后同样的事情会让你觉得她是一个长不大的孩子；热恋时他的不拘小节，如今在你眼中也会成为邋遢的惰性。

赫尔岑说过一句至理名言："人们在一起生活太密切，彼此之间太亲近，看得太仔细、太露骨，就会不知不觉地，一瓣一瓣地摘去那些用诗歌和娇媚簇拥着个性所组成的花环上的所有花朵。"今生的同床共枕，是几世修来的缘分，夫妻双方应该为此感到开心。但同时也不要时刻都黏在对方的身边，要给彼此留有一定的个人空间，使得各自都有一些自由，这样既保持了双方的神秘感和美丽，也可以使得婚姻的马拉松完美地到达终点。

刚结婚时，虹常常要求丈夫陪她，陪她一起散步，一起打球，一起看电视，即使是丈夫不喜欢的节目，虹也要他陪自己看完。因为虹认为相爱的夫妻就应该这样形影不离、亲密无间。那时丈夫离开虹哪怕一分钟，虹都会紧追在后边问："什么事？"或者是"到哪儿去？"

虹的过度依赖，很快便使丈夫难以忍受，于是丈夫下班后总是在外面待一会儿再回家。即使是在家里，他也总是很晚才睡，他希望虹睡了以后，自己可以安安静静地上网或者是看电视，享受独处的静谧与放松。

丈夫的做法让虹感到很受伤害，她忿忿地问丈夫："为什么要有意疏远我？"

丈夫沉思了一会儿，回答说："平常在外面，每当一有和朋友聚会的念头，我就会想到你的习惯，于是，我就马上打消了这一念头。老婆，你知道吗，你的过分关怀几乎快让我喘不过气来……"

虹听后顿感不妙，她可不想因为自己的过分关怀影响夫妻感情。于是，反躬自省，虹赶紧作出保证："从现在开始，我们要做到亲密而有间，让你的身心像婚前一样的自由。"

"真的假的？"丈夫用带有怀疑的眼光问道。

虹用极其肯定的语气回答说："当然是真的！"

丈夫感激地将虹拥进怀里："宝贝，好好给我当太太吧！这一地位已经够尊贵的了，何必还要费力不讨好地兼职当保姆呢？"

从此，虹不再要求丈夫把所有的业余时间都留给自己，丈夫下班回来后如不主动汇报一天的活动详情，她也会收起无穷的好奇心，绝不追根究底地去问个清楚明白。

终于有一天，虹的丈夫在客厅踱来踱去，他忍不住问："奇怪，你怎么不问问我最近都干了些什么了？"

虹暗自偷笑："当然想听，但是不包括你不想说的那些。"

就这样，虹"以退为进，以守为攻"，终于赢得与丈夫共享秘密的权利。

夫妻彼此相爱，并不意味着业余时间都要在一起活动，更不意味着夫妻双方的"合二为一"，而应该给对方留一些空间和自由。否则相处时间越久，夫妻之间的依赖性也会越强，以致自己丧失了单独活动的能力——妻子不会开罐头、丈夫不会挑选领带；当妻子生病的时候，丈夫就会手足无措；当丈夫出差的时候，妻子就感到孤独无助。

更糟糕的是，"合二为一"的生活，将对方的独立性和个性的发展限制，这样无疑会伤害对方的情感，那么这种亲密关系最终会导致情感危机。心理学家曾对长期腻味在一起的夫妻做过调查，结果发现有些夫妻常为爱人对自己关照得过分而恼火——丈夫抱怨妻子关照、过问太细或是唠叨太多，自己缺乏安静的时候，自己是"妻管严"；妻子则埋怨对方什么都要问，什么都要管，自己没有一点空间，称丈夫是"大男子主义"。

诗人契诃夫曾把爱妻比喻为月亮，他却不愿爱妻夜夜出现在他的房间。有人戏称夫妻最好"等距离相交，远距离相处""距离产生美"，这话不无道理。就像冬天的刺猬，接近了会伤害到对方，分得太开又取不了暖，夫妻还是亲密有间、若即若离为最好，这样做在一定程度上可恢复恋爱时的那种朦胧美，增加夫妻之间的依恋感。

何况，夫妻两人都给对方留有空间和自由的同时也解放了自己。因为一颗心不用系在他的身上，你有了时间去和朋友、同事聚会聊天，或去充电学习，或去美容健身，每天衣着光鲜，妩媚动人……慢慢地，他开始担心，你怎么不在意他了？他的目光开始回转到你的身上，亲密有间的魔力就是如此，他看到了你的风景，正是因为你挪出的那段空间和拉开的那段距离。每个人都会有审美疲劳期，习惯了一些美景就觉得那不再是美景了。

给予彼此一点自由的空间

从恋爱到结婚，每个女人都会经历这样一个过程：恋爱的时候一日不见如隔三秋，恨不能天天和他黏在一起；结婚之后在一起了，却还是老公走哪跟哪，男人们完全没有了自由的空间，女人们也就成了不折不扣的“跟屁虫”。

不论在任何时候，男人们还是喜欢自由一些。如果女人把男人看得太紧，会让男人有一种束缚感。聪明的女人会让老公的私人空间多些，让他能够感受到充分的自由，这样老公才不会对她产生腻味的感觉。

颜冉和丈夫马云龙是中学时期的校友，在国外一起留学时，情投意合的两个人感情进展得极其顺利。为了节省租金和其他开支是他们同居的最初目的，如果不是最后两人决定要做“海归”，也许永远都不会想到要去领那本结婚证。提到注册结婚，马云龙只说所做的一切只是为了让双方的父母放心罢了。

回到国内，夫妻二人发现在事业的选择上或多或少总有些分歧。后来，马云龙创建了自己的公司，而颜冉则进入了一家跨国企业，迈入了朝九晚五的行列。

马云龙在提起那段时光时笑着说：“开始并没有想太多，只是因为工作比较忙，常常要熬到半夜，怕影响她休息，就经常住在办公室，后来干脆在那边租了间公寓就把东西搬过去。就这样忙了一年，每当周末回家和她见面的时候总有一种恋爱时的感觉，仿佛我们又找回了当时那种浪漫的感觉。我们发现，原来婚姻生活不仅是两个人在一起生活，懂得如何经营婚姻反而让他们的生活质量变得更高了，因为两个人的世界更丰富了，而且还没发生过矛盾……”

颜冉对现在的这种婚姻状态也非常满意，她说：“夫妻俩要在一起生活一辈子，要是天天黏在一起，总有腻烦的一天，还不如像现在这样，总是能带给对方不同的新鲜感，感觉更加亲密。”

两情若是久长时，又岂在朝朝暮暮！夫妻双方在不影响彼此感情的基础上保留各自的空间，这才是最好的选择。感情的能量是有限的，当你天天想他，天天和他如胶似漆待在一起的时候，就要为将来的彼此厌烦做好准备。

聪明的女人应该懂得放风筝的道理。就算你再爱他，也不要随时随地都跟着他。男人是需要自由的，需要一点自己的私人空间。所谓距离产生美，他有他的朋友圈子，你也应该建立自己的圈子，适当拉开你们之间的距离，给彼此一点空间，才会让你们感情的氧气更加充足，如果跟得太紧，总有一天会让人窒息。

胡东刚和妻子结婚那会儿，觉得妻子喜欢黏着他是对他的爱，自己也很享受。可是随着时间的推移，胡东发现妻子的那股黏人劲儿就像是衣服上粘了一块口香糖，虽然有香味儿，却怎么也弄不干净。

妻子的工作基本上都是在家里完成，可是胡东却要上班。每次下班回家，妻子就紧紧抱着他，本来想好好休息的胡东觉得比上班还累。黏人的妻子让胡东超级郁闷，有时候要和同事聚会，她会可怜巴巴地看着胡东：“你要把我一个人留在家里，一个人出去快活吗？”无奈的胡东只好带她一起。即使偶尔抽身出来和朋友喝两杯，她也会十分钟一个电话。

开始胡东还能忍受，后来终于爆发了。他知道妻子是个好女人，对自己也很好，但是失去自由的胡东实在太痛苦了，最后和妻子分开了。

男人不是你生活的全部，自由的爱在婚姻中是珍贵无比的。老公是和你生活在一起的伴侣，但是他并不属于你，你可以把他的爱留在心底，但是记得要放飞他的人。

整天跟着老公的女人也许从没想过，属于男人的世界如果被一个女人束缚会带来什么样的后果，也许刚开始他会因为爱乐意让你“跟”，但是时间久了，他要么是舍你而选自由，要么舍自由而变成一个服服帖帖没有任何男子气概的人。我想这两样结果都不是任何一个女人想要的。

聪明的女人，永远不做老公的“跟屁虫”。要想让老公对你的爱永不变质，请和他保持一定的距离；如果想让老公在外闯出一番事业，请给他充分的自由。

不要因为男人而失去了主见

在一个家庭中，作为女人，你是不是已经习惯了受男人这种权力动物的支配？作为男人，你是不是已经把你的太太推向了最高的宝座，“凡是太太说的都是对的”很多人喜欢将另一半视为港湾，喜欢被宠爱，但是“宠”字底下出两种人，一种是小女人；另一种是坏男人。女人理所当然地会认为男人喜欢“小鸟依人”型的女人，所以经常会委屈自己俯首帖耳；男人也会对自己心爱的女人言听计从。于是，难免便会有人成为对方的小绵羊，对对方言听计从依赖到底，甚至连个“不”字都不说。

其实选择在另一半面前做一个什么样的人，这是你的自由，恋爱中的情投意合，大抵上也不过是气味相投。

其实，温柔和毫无主见根本不是一回事。当一个人在婚姻中都退化到了连NO都不会说的境界，那么对方给出的反应只会是以下三点：怜惜、无奈、轻视。这三个结局，你更喜欢哪个？

人生的一个大“项目”就是爱情，爱情需要经营而不是托管，任何人是推卸不了和躲避不了这个责任的。否则，你会遇到很多你不愿意看到的事情发生在你面前。

雪莉的男友很霸道，不允许雪莉不听自己的话，从生活到工作，没有一件事男友不提意见的。于是恋爱几年过后，雪莉被判了“无期”徒刑，她的吃穿用品处处都有男友的影子，毫无个性可言。

当男友对她提出要求时，她从来都没说过“不”字，对于男友这样的行为，雪莉也没有觉得有不妥之处，甚至觉得很享受这种“指点”。她单纯地以为，这才是她的依靠，觉得自己找对了人。她心甘情愿地把自己的一切都交给这个男人，他们结婚了。

出乎她预料的是，这个被她当作主心骨的男人竟然欺骗了她。一次因公出差归来，用钥匙却已经打不开自家的门。后来有人从里面把门打开，却不是丈夫，那个人告诉她说，自己刚刚买下了这所房子。雪莉傻了，这是自己的家啊，怎么会被交易了呢？于是她打电话给丈夫，但听到的回应却是关机，雪莉瘫在了地下，她终于相信了丈夫骗她的事实。雪莉的房子和所有存款都搭在了这个男人身上。因为对丈夫的过度依赖，让她对自己的生活放弃了所有的管理，当终于有这么一天她不得不面对这个打击，站在慌乱而流离的午夜街头时，雪莉不知道该何去何从。

当然，雪莉及时清醒过来，她报了警，通过法律途径要回了本应该属于她的东西。但是那失去的曾经那么倾力付出的婚姻，又从哪里拿回呢？

婚姻中的你千万不能失去主见，你要找的是一个陪伴你一生的生活同伴，不是一个管理你一生的领导和上司。即使是对于领导和上司，我们都不能不分是非唯命是从，更何况是对于自己生活中的另一半呢？

婚姻中的两个人，听从是需要原则的，不能凡事都听对方，连个“不”字都不会说。一个人若是没有了主见，最容易让那些别有用心的人发现这个弱点，给他们可乘之机。

其实，一个人真心爱你，他就会尊重你，即使是他的支配欲望再强烈，也会给你说“不”的机会，一个事事都无主见的人，是不会得到别人怜悯的。其实有些时候太过温顺的人，反而不招人喜欢，这也就是为什么有些人明明已经结婚，却还要义无反顾地爱上别人的原因。

所以婚姻中的你要学会说“不”，不要让自己有被人玩弄于股掌之间的可能，不要成为婚姻的傀儡。即使一切都不顾及，你也要为自己留好退路，千万不要让自己毫无保留。否则你的婚姻会亮起红灯。

别把自己当成保姆

婚姻父母做主的年代已经离我们远去了，现在的人们都是因为爱而选择走进自己的婚姻。但是也因为爱而失去自我，因为爱而成为爱的附属品。当问起自己的婚姻时，很多人只是回答彼此很爱。自己所有的付出都是为了爱。为了爱有些人可以奋不顾身，可以付出生命，只要在自己的能力范围之内，只要对方能够回头，自己做牛做马不惜牺牲一切都愿意。自认为这样做是为了爱，他们却忘记了如何去爱。只是自己已经在爱中迷失，只是自以为是地在爱。

现实生活中有多少对夫妻在演绎着这样的模式：丈夫下班回到家，妻子贤惠地笑脸相迎，接过包、递上鞋、端茶倒水、嘘寒问暖；男人往沙发上一躺，女人又开始了新一轮的忙碌，端菜上桌、请男人入座就餐；吃饱喝足，碗一推，男人又去忙自己的事，看电视、看报纸、上网、串门。而妻子要马不停蹄地收拾到很晚，才能捶着酸痛的肩膀靠在床上休息。第二天清晨，妻子又要揉着昏沉的脑袋起床开始重复前一天的忙碌。全职丈夫也是如此。

这样的夫妻，几乎没有语言交流。像是一对木偶，在机械地按着“设计”重复前一遍的动作。在婚姻里，要不要这样把自己塑造成一位兢兢业业、勤勤恳恳的保姆呢？当这样的日子成为习惯时，当习惯成为理所当然时，保姆似的你，就岌岌可危了。

贝拉和老公致远结婚已经三年了，贝拉一直觉得是自己高攀了致远。致远出身高知家庭，有教养、有学历、有相貌，尤其突出的特点是做起事来非常有计划性。每个星期天，致远就已经计划好下个星期每天都干什么。婚房装修完之后，致远就制订出了房子的打扫计划，致远说："三年之内，我们就会有孩子，那个时候我们就需要大一点的房子，到时候我们就要把现在的房子转手，如果把房子保护得好一点，就能卖个不错的价钱。"贝拉想想觉得很有道理，就同意了。一开始，两人一起做家务，贝拉觉得很甜蜜。但是，致远是个典型的工作狂，喜欢把工作拿到家里来做，家务就成了贝拉一个人的活。为了完成致远制订的打扫计划，贝拉每天都是一大早就起来去买菜，因为致远说，早上的菜最新鲜，而且种类也齐全；下班吃完饭之后，就按照致远排的时间表进行每天不同内容的家务清洁，诸如洗马桶擦浴缸之类。打扫完之后致远打开电脑办公，贝拉负责端茶倒水，如果致远早睡贝拉也得跟着早睡，因为要是贝拉走来走去致远说他会睡不着；如果致远熬夜加班，贝拉也得陪着，因为致远说不定会因工作问题问问贝拉的意见。贝拉说："没结婚那阵子，我根本不会做家务，现在什么都会了，刚开始的时候，也觉得没什么，可是现在感觉我整个人就是围着他在不停地转。致远是个十分严谨的人，有的时候，擦完地，他要是看见地上有一根头发丝，都会觉得你的工作没做到位。"接着贝拉还不无埋怨地说："报纸上现在正在招涉外保姆，工资还挺高的，我现在要是去面试的话，人家一定肯要我。"

为了你们的婚姻着想，你更要照顾好自己。不是把对方照顾得无微不至、对他百依百顺就能混成好妻子或好丈夫。如果他需要个保姆，可以直接花钱去找；如果他需要个妻子或者是丈夫，你就不要用保姆式的周到服务来表现你的爱，他不会稀罕的。有一个女强人在外面有自己的一片江山，和外面的男人较量惯了的她，回到家里，看到趴在地上擦地的老公，觉得很别扭，于是就和丈夫说："老公，别擦了，已经够干净了，过来陪我看会儿电视吧！"但是，那个老公却说："我衣服还没洗，晚饭还没做，明天早上做早餐的材料还没买好，你的衣服还没熨好……"夫妻之间的感情就这样为成全你做"保姆"的角色而越来越淡。不管别人怎么提醒你，你依然事无巨细地关照他的生活，却不会在他的需要里呼吸那稀少的空气。你还会尽力照顾孩子、孝敬长辈，但不再那么步履蹒跚、神情疲惫。在某个特殊的时刻，你们已经谈好了“条件”，要么他帮你一起做家务；要么他找个专业的保姆。你偶尔也会向他抱怨，你实在太累了，其实你也很忙，要健身、美容、逛街、喝茶、陪孩子去游乐园。也许他让你一连串的词堵了个哑口无言，乖乖地投降并向你道歉：“亲爱的，你辛苦了。”于是，你又重新回到原来的位置上去。

有个性的女人才有魅力

每个女人都有自己的风格和特点，自然的东西才具有个性，才能与众不同，才具有强烈的吸引力。每一个人都是一个独立个体，与生俱来就有与众不同的气质，所以，你根本没必要去模仿别人。

坚持做最真实的自己是女人魅力的体现。永远不为别人的言论而迷失自己，对人生有着不同的见解，不随波逐流，充分展示自己的个性，走在时代前沿，做有自己独特品位的女人，才能给人以与众不同的感觉。

王琦就是这样一个有个性的女人。在周末快下班的时候，因为心里发闷，就打开电脑，无意中看到几幅上海外滩的图片，竟突发奇想，想再去外滩看看！其实，上海她已经去过多次，可是现在就是想去逛逛南京路，看看外滩夜景。

于是，王琦马上和朋友联系，并马上找旅行社代办好了来回机票和酒店。第二天一早就直奔机场，飞去了上海。到达目的地的她们放下行李后，就直奔南京路。一天下来，逛了几大商场，满足了购物欲，便回到酒店。到傍晚，她们又沿着外滩散步，尽情欣赏外滩夜景，慢慢踱回酒店。

王琦以前到上海，要么是旅游要么是开会，可这次，她纯粹就是为了散散心。住了一晚，睡了个懒觉，心情得到了放松，也不想去打扰这里的朋友，感觉也没什么想去的地方了，于是王琦马上改变行程，打电话叫旅行社把晚上七点的回程机票改签为下午四点。

不远千里，坐飞机到上海，就是为了在那儿住一晚，然后逛逛马路看外滩夜景，朋友们都觉得不可思议。老公虽然觉得王琦决定得突然，但看到她兴致勃勃、心情舒畅，也很支持，并非常欣赏她这种随心所欲、想做就做的个性。王琦觉得，只要开心，没有什么不可以！

有个性的女人，不会禁锢自己的思想，也不会刻意把自己伪装起来去迎合大众。很难想象一个不尊重自己的人，怎么能赢得别人对自己的尊重。

女人一旦失去个性，就容易患得患失，纵使家财万贯、貌美如花，也只能随波逐流，受他人意志的摆布。女人需要在独立的个性中不断成长，把自己的特质与性格展现在生活中，留下一点与众不同的味道拥抱美丽的世界，那样的你才能活得更加精彩。

个性是一个女人魅力的资本，即使她有沉鱼落雁之姿，闭月羞花之貌，如果失去了个性，也只能是人们眼中的花瓶，就像是一壶泡了很久的茶，让人觉得索然无味。

在时下流行整容割双眼皮的风潮中，豆豆却丝毫不为所动。朋友们都说豆豆长得非常漂亮，就是她那双单眼皮和脸蛋不太相称，如果做手术割成双眼皮，那就完美无瑕了。

豆豆对于朋友们的怂恿只是报之一笑，她说："女人不要一味跟着流行趋势走，一个人是双眼皮也许会吸引别人的眼球，可是当满大街都是双眼皮的女人时，还有人会觉得好看吗？而且我就是喜欢自己的单眼皮。"

女人如果能够保持自己的个性，她们的生活将会变得无比精彩。这个"自我"体现出一种自己尊重自己，一种鲜明的个人气质。

有个性的女人能够一直坚持自己做人做事的原则，而能够坚持自身原则的人，是需要具备一定胆识、智慧和良好的人际关系的。她的那种潜移默化的渗透力，往往能够获得欣赏和认同。

个性，并不是炫耀靓丽的外表，而是更讲究文化内涵。个性对于物来说，是一种对时间和空间的飞跃性选择；个性对于人来讲，是一种对生命和心灵的穿越。

如果女人只是为了吸引别人而忽视了自身的一切，那么你就会在别人的眼里丧失自己的风格，变得透明而没有存在感。坚持做最真实的自己，保持属于你自己的个性，那是你心灵的至宝，也是你终身的财富。那样的你才会在老公的眼里散发长久的魅力。

女人，不该成为男人养的金丝雀

女人一旦放弃了自己的事业，承担起家庭的重担，幻想自己作出牺牲就一定能换来“夫贵妻荣”，这样，失去的将不仅仅是事业、人生价值，甚至包括婚姻。女人实现自身价值就是通过工作这个媒介，工作会给你满足感和成就感，工作中的女人会散发出迷人的魅力，这样的女人才会受到男人欣赏。

很多女人在婚前都为了事业努力打拼，一旦结了婚，而且找了一个物质条件不错的男人，心态就会产生变化，于是有了“隐退”的打算，认为回归家庭做个全职太太是个不错的选择。如果一个女人在经济上过分依赖于男人，那她的精神世界也很难独立。只有在经济上完全独立，精神世界才能独立，这样的生活才会真正变得自由、幸福。

陈燕妮是一个在事业和经济上都很成功的女人，《告诉你一个真美国》正是出自她的手笔，这本书受到了广大读者的一致好评。后来，她一手创办了《美洲文汇周刊》，并且担任该公司总裁。

她认为一个女人首先应该独立，有了成功的事业的女人才会有足够的自信，才能体现出气质的优雅，而且这种自信比年轻美貌的自信来得更有理由。

有一次她接受记者采访的时候，被问了这样一个问题：“听说美国的全职太太有很多，家庭是她们生活的主心骨，过这样的生活压力比较小，你有过过这样生活的想法吗？”

陈燕妮坚决地摇头回答道：“没有，从来没有。我无法想象向别人伸手要生活费的滋味。我曾经因为工作的转换而在家待了几个月，那段时间太可怕了。那样的生活在精神上毫无依托可言，整天闲在家里都没有什么事情可做。到后来发展成和老公说话都特别谨慎，现在回想一下当时的场景，感觉太可笑了。在美国，报刊行业的竞争很激烈，我做这行就等于是和美国男人抢饭碗，但我宁愿为了自己的事业在社会里去拼、去闯，打拼属于自己的一片天地，也不愿整天待在家里无所事事。”

举上面的这个例子，并不是希望每个女性都能够在事业上有所斩获，成为一个女强人。但身为一个当代女性，就必须拥有自食其力的独立人格。女性们应多发展些兴趣和爱好，在事业上也应有自己的立足点。尽管生活不可能让每个奋斗中的女人都得偿所愿地成为赢家，但是女人积极向上的姿态总是美好的。

无论淑女、才女，展现美的一面都建立在真实的“自我”基础上。想要让生活变得幸福，依靠自己才是硬道理。

世事无常，如果一个女人的幸福完全掌握在别人的手上，一旦在婚姻方面发生了问题，想要再重新构建生活的希望就没有了。

郑露露是那种标准的小女人，喜欢那种在家为了丈夫和孩子操持一切的感觉。在少女时，她就幻想过嫁给一个自己喜欢的人，享受那种做全职太太的快乐生活。于是一结婚，她就迫不及待地实现了她少女时代的“梦想”。然而，事实却没有她想象得那般完美。

在一次丈夫公司举办的年会上，郑露露和丈夫那些同事们的妻子一样被邀请出席。容貌姣好的郑露露很善于妆扮自己，一出场，就为丈夫赚得了“头彩”。人人都夸他们是天造地设的一对。在交谈中，郑露露却让自己陷入了尴尬的境地。

由于长期蜗居在家，很少接触外界，她既跟不上丈夫和同事们有关经济时政的话题，更不了解那些太太们所说的网站和那些新出的歌曲，忙于家务的她已经被时代的潮流给远远地甩开了，于是她整晚只能呆坐在角落里。

回家之后，丈夫似乎对郑露露越来越不满了，他不再称赞郑露露的饭菜做得多么可口、衬衫熨得多么平整，而是开始埋怨起郑露露对他的不理解和双方精神世界的差距来。

郑露露懊恼极了，她不再像未嫁时那样向往全职太太的生活了，而是感到了一种深深的威胁感，再也也不想过这样的日子了。

其实“全职太太”并不像女人们想象得那么轻松。别以为选择了“回归家庭”的生活方就可以高枕无忧了，你依然需要拿出自己的诚意与汗水，来面对自己的生活和家庭。

女人，绝对不能像一只金丝雀一样被男人豢养在笼里，不应该让自己的幸福掌握在别人手里。她也许在事业上没有什么斩获，但有一份属于自己的工作，每个月都能靠这些薪水满足自己在物质上和精神上的需求，这才是避免过于依赖男人，实现人格独立的第一步。女人不应该因为婚姻而失去工作。只有工作才能让女人在经济上真正变得独立，进而在人格上变得独立。

所以，请女性朋友们牢记这样一个道理：男人可以成为一根帮助你行走的拐杖，但千万不要让他取代了你的双腿。

给他一个爱你的理由

很多人都说，爱是不需要理由的，只要感觉对了，两人在一起就很幸福。正如那首《糊涂的爱》里唱的，大家都以为糊涂有理。糊里糊涂地爱了，糊里糊涂地分了，糊里糊涂地痛了，仿佛这样才可以证明自己爱得执着、爱得深情、爱得浪漫、爱得悲情感人、凄美无比。

而古往今来的文艺作品也热衷于对此类故事大肆渲染、大加赞美，更加坚定了那些痴男怨女们的爱情信念：为爱而死、死得其所、无怨无悔。可是毛泽东却说：世界上没有无缘无故的爱。

十年前小茜还在读大学，她是一个很有灵气的女孩子，就像金色的阳光在露珠上跳舞一般。

小茜算不上是十分标准的美人，因为她个子不高。一个晚上，小茜趴在图书馆的桌子上写作业，闭馆的铃响了，忽然听到有人对她说："明天我帮你占座位。"她吃惊地看到一张漂亮的脸，是小嘉，与她同系不同班。他是系里有名的帅小伙，是众多女生中的白马王子。小嘉的话就像网一样，牢牢地把小茜罩在里面，而小茜就像是一只被逮住的小动物，完全对这样的突发情况没有对策。

小茜是一向不喜欢被众星捧月的人，尤其是被女孩子们宠的男生。她知道他们班的一位丹凤眼的高挑女生从一进校就开始向小嘉发起攻势，可是小茜不明白为什么小嘉会把万千宠爱掷向自己。

从此，每晚在图书馆里找寻小嘉的身影渐渐成为小茜大学生活的全部。每当看到小嘉，小茜的心里就分外开心。小嘉走过去，把书放在了小茜的桌子上，每当这个时候，小茜就会迫不及待地抬起头来。彼此相视着一笑，此时，世界上仿佛只有他们两个人存在。从此小茜和小嘉坠入疯狂的热恋中。小茜曾问小嘉为什么偏偏选择她。小嘉说："我小时候看《射雕英雄传》，就很喜欢黄蓉这个类型的女孩子，想将来也能找一个这样的女朋友。你的聪明、灵秀、美丽就是这一类型的。"以后的三年里，他们一直是校园里的一道风景。小茜内心的缺憾被小嘉的柔情织补，小茜成为世上最自信的女子。毕业时，小嘉就是当地人，在本地就能找到好工作，小茜当然决心和小嘉在一起。到了工作稳定需要谈婚论嫁的时候，小嘉却提出了分手，理由是小嘉的母亲不喜欢小茜。"我们还是分开吧。"他说。"你不是说你爱我吗？"小茜泪如雨下地问道。"那个时候我不懂事。"他说。"不懂事？真可笑，现在懂事了？""你别再缠着我好不好？"缠着他？小茜觉得很委屈，从来没有准备在一世珍视的爱情里有这样的对白。"如果你不想分，那就做出点能让我妈接纳你的事情，这样我也好交代。"小茜的情绪一下跌落到了谷底。那燃烧了多年的爱火就被这一句话熄灭了。小茜突然觉得自己确实找不到自己被爱的理由了。

宝哥哥为什么独爱林妹妹？大观园里美女如云，若论才貌贤德，宝姐姐一点也不输，甚至比林妹妹更胜一筹，宝哥哥却是情有独钟。只因为偌大的荣宁两府，只有这个林妹妹"何曾说过这样的混账话"，只有她从来不会劝宝哥哥"多读圣贤之书，求取功名"。林妹妹在窗外听得宝玉如此赞她，禁不住泪如雨下，心中暗忖："素日原当他是个知己，原来他果然是个知己。"自此两人心意相通，再无猜忌，他们爱得一点都不糊涂，很清楚很真实。

长生殿里的三郎，后宫佳丽三千，玄宗却将三千宠爱统统集于玉环一身，不仅仅是因为她天生丽质难自弃，回眸一笑百媚生吧？若论美貌才情，梅妃亦是丰神楚楚、秀骨姗姗、能诗善赋。玄宗本就是精通音律和舞蹈的创作型音乐才子，他一手创建了大唐宫廷乐队"梨园"，并亲自训练乐师舞女。而玉环亦是精音律、擅歌舞、善弹琵琶，还是个击磬高手。她演奏时"拊搏之音泠泠然，多新声，虽梨园弟子，莫能及之"。由他们两人倾心创作，玄宗任总导演，玉环担任第一女主角的大型音乐剧《霓裳羽衣曲》，堪称大唐歌舞的盛世经典，至今依然是音乐舞蹈史上一颗璀璨的明珠。对此，有白居易诗为证：千歌万舞不可数，就中最爱霓裳舞。

这样相爱的理由还不够吗？这样的两个人，他们不再是单纯的君王和宠妃，他们惺惺相惜，没有人可以拆散这样的爱情，恐怕连死亡也不能。

婚姻并非你的保险箱

当你们的结婚证上盖上了红红的印章，你们的恋爱就有了一个结果，但是不要以为这样就进了保险箱。你的男人可以有钱，可以有房，可以有车，但那些通通都是他的，要想在家庭中拥有自己的地位，首先就要拿出自食其力的风范。要想在感情的路上走得更长远，要想让你们之间的感情日渐深厚而不是疏远，首先就要有一个长远的规划，而且时刻保持女人本能的危机感。我们不能一结婚就来一个大松心，什么理想啊、前途啊都成了年轻时候看过的小说，看过就忘了。我们更不应该把自己的注意力完全集中在一个男人身上，他不是我们长期的饭票，万一有一天他那里断了粮，我们还是要照样生活下去。

尽管这个时代已经不同了，女人有了自己与众不同的舞台，可大多数的人还是认为找一个有实力的老公才是真正的硬道理。结了婚就有了依靠，再也不用活得那么累，不用担心自己这辈子没有依靠，她们把婚姻当作是进了保险箱，觉得结了婚自己就可以过上无忧无虑的日子，只要自己尽到了家庭主妇的义务，把家里的事情打理好，就可以了。可是，她们根本就不知道，婚姻想要延续，只做到这些是不够的。试想有一天你的老公突然对你说："跟你在一起实在太单调乏味了，一点共同语言也没有。"你又会作何感想呢？也许你会委屈地认为自己已经为这个家牺牲得太多，也许你以为你已经尽到了一个好妻子的义务，但是，你忘了两个人相互交流的必要，过分的懒惰让你丧失了接受新鲜事物的能力。随着时间的流逝，男人在和你交流时说出来的东西你越来越不懂了，家长里短把你包围得越来越紧，可这些事情对他来说并不是很感兴趣。就这样你们之间的距离越来越远，你与社会开始脱节，于是你们的关系越来越冷淡，他开始到外面去寻找刺激，而你只能在家里黯然神伤。

多多是一家民营公司的会计，2007年邂逅了她的老公向南。向南是一家外企的高级主管，为人阳光开朗，心胸豁达，多多一直以有这样的男朋友为荣。

恋爱的时光是甜蜜的，向南经常对多多说："宝贝，等咱们结婚以后，你就不要那么累了，就在家里当全职太太，养家的任务就交给我，我会让你更加幸福的。"听了向南这么说，多多总是红着脸微笑着，她知道向南是爱她的。就这样经过了一年多的热恋，两人决定结婚。结婚之后，多多就辞掉了自己原来的工作，成了一名全职太太。

起初两个人的生活风平浪静，温馨而甜蜜。但是时间一长多多发现，向南回来说的一些事情她越来越听不懂，什么政治新闻，投资走势，通通不明白。对于他工作中遇到的问题和烦恼，多多明明知道向南很伤脑筋却提不出任何解决问题的有效建议。慢慢地两个人之间产生了隔阂，向南回家后话越来越少了。这让多多心里不免有了不祥的预感，一种女人的直觉告诉她，他们之间一定出现了问题。可是自己究竟该如何解决呢？她曾经一直认为，只要一结婚，女人就可以在丈夫的臂膀下快乐地生活，可今天看来，事实并非如此。

为了扭转局面，多多多次和向南主动沟通，可是两个人经常因为话不投机搞得不欢而散。慢慢地向南开始不爱回家，多多打他手机也经常不接。痛苦之余，多多开始反思自己，想想自己曾经的付出，她觉得自己真的很无知，谁愿意和一个与外界事物严重脱节的女人在一起呢？谁会看得起一个永远手心向上的女人呢？谁愿意找一个和自己无话可谈的人相依相伴？于是，多多决定采取补救措施，可是一切都已经太晚了。

有一天，向南突然向多多提出了离婚的要求，他对多多说："多多，我觉得我们已经没有在一起的必要了，我们没有共同语言，你也不能帮助我解决任何问题。我越来越觉得自己只是一个赚钱机器，在家里找不到一点温暖。我曾经也努力为你创造更好的生活，但婚姻毕竟不是保险箱，我现在越来越担心，万一我的工作状况发生改变，我还有没有能力承担起自己的责任。既然如此，不如我们现在就结束吧！因为我们已经不是同一个世界的人了。”

听了向南的这番话，多多心里很痛苦。当初是他提出要让自己做全职太太照顾家里的生活的，她也一直认为结婚就可以让自己的生活安定下来，现在他却说自己和他不是一个世界的人。多多这时候才幡然悔悟，心里反反复复地回味着“婚姻不是保险箱”那句话，心中久久不能平静。

如今这个时代对女人有了更高的要求，她们除了要照顾好家庭，还要不断地提高自己，同时还应该时刻保持那种生活的危机感，积极地面对生活，让自己的生命更有价值，更有光彩：婚姻不是保险箱，相反它需要我们不断地倾注自己的精力和想法。我们不能总把自己定位在家庭妇女的位置上，前辈的生活方式我们可以借鉴，但绝对不能照搬。新时代的女性应该时刻保持和丈夫平等的位置，同等的步调。只有你真的做到与他步调一致，才能成为他在这个世界上最贴心的人，才能成为他这辈子都离不开的人。

这个世界上没有什么东西是永恒不变的，要想和老公之间永远保持亲密的关系，首先你就要顺应婚姻生活的变化，不要总是去做那个明明付出很多，但别人却根本看不到的可怜虫。我们不应该因为踏进结婚的保险箱就放弃了自己曾经的工作，甚至理想。这样只能让你与他之间的差距越来越大，没有了交谈，没有了心灵上的沟通，婚姻的趣味就少了一大半。不要认为结婚就是平平淡淡地过日子，婚姻也需要激情，没有人愿意永远只喝白开水，这杯婚姻的饮料，需要你用心去调配。做一个有心人吧！保留住自己的神秘感，让自己的笑容依旧灿烂，让他倾倒在你的睿智之下。爱是需要不断投入新鲜的养分才能延续的，让我们现在就行动起来，装点自己的婚姻，让它更加新鲜，更加安定，更加和谐和美好。

女人，一定要自己创造未来

大多数女人结了婚后就回归了家庭，男主外女主内就成了理所当然。她们在厨房的油烟中渐渐变成了黄脸婆，在漫长的家务劳动中耗尽了对事业的追求，成为了“与世隔绝”的一员。即便如此，很多女人还是没有醒悟，她们认为婚姻就是这个样子。

很多女人，总是将自己的希望寄托在别人身上，所以，她们不断地催促老公和孩子努力奋斗，却忘记了自己仍然在原地踏步走。家庭不是女人的全部，女人首先是属于自己的，其次才是家庭，最后是社会。这样，女人才会将自己的生活打理得井井有条。家庭对女人来说不应当是终点，应当是她们的加油站。

芸香的老公大她三岁，因为家境殷实，芸香就辞职做起了主妇，整日操劳家务，服侍公公婆婆。老公在外面打拼事业，一年也回不了几次家。好不容易生下了女儿，却让她在那个重男轻女的家庭里彻底失去了地位，婆婆对她的态度尤为恶劣。老公回家的次数也越来越少了，后来听说在外面有了别的女人，要和她离婚。

离婚后的芸香没有工作也没有可靠的朋友，她自己带着孩子异常艰难，别人都劝她再嫁，一个女人带个孩子不容易。可是她坚决不赞同，她觉得“后爸”会亏待孩子。她靠着中师毕业的资格，办了一个幼教班，以此来维持生计。30岁的女人看上去像40多岁的年纪，她常说：“我这辈子就这样了，就指望我女儿了，不是因为女儿，我早就活不下去了。”

芸香结婚的时候整日为丈夫操心，离婚后整日为女儿忧心，却从没想过善待自己。天底下最无私的人莫过于女人。步入婚姻，她们生活的全部就变成了家庭。久而久之，丈夫和孩子对你的付出和牺牲已经见怪不怪。他们觉得你做的一切都是理所当然，从未考虑过你作出这样的牺牲是为了他们。

女人一定不要放弃对事业和精神的追求。一个没有事业的女人，整日以家庭为重心，她怎么会有地位？只有自己在事业上和精神上独立了，你才能在婚姻中占据有利地位。就像有人说的："不要因夫为荣，要以己为荣。"

女人的人格也应该独立，整天围着丈夫和孩子团团转，只会让自己对事业的追求心消失殆尽。女人一定要有自己独立的交际圈，不要把家庭当作自己生活的全部。这样，你的世界会越来越小，终究有一天会和这个社会脱节，进而和在外面打拼的丈夫丢失了共同语言。更不能出于迎合丈夫的目的，而让自己的个性丢失！男人是不会看重这样的女人的。

绝大部分女人整天把自己封闭在家里，做这做那，从来没想过为自己做点什么事情。你忽视自我地忘我付出，只会让丈夫轻视你；你的节衣缩食，只会让丈夫和你渐行渐远；你对孩子骄纵宠爱，只会让孩子变得刁蛮任性。因为你担心自己不付出后，丈夫和孩子就过得没那么舒心了。

别让自己的心堆放得太满，给自己一些空间吧，做些自己喜欢的事情；找一个自己适合的消费场所，当不开心的时候就去那里坐坐，高兴的时候去那里走走看看，还可以叫上你的好友陪你重游一次你儿时最爱的地方。平日里，也可以约上一众好友，到家里来聚餐，聊聊天，从而让心里的压力得到释放。

对于女性而言，完善自我，改造自身，这是她们永恒的话题。女人不仅要让外表变得光鲜靓丽，也要把心态调整好。除了家庭，还有很多事情可以做。其实，想要你的生活变得有趣味，只要你懂得改变和接受，就可以做到。

女人一定要学会在婚姻生活中找准自己的定位，不要把所有的精力都奉献给丈夫和孩子，更不能把自己一生的幸福许给男人。除了是家庭整体中不可缺少的一部分，你还是自己的个体，所以，女人一定要自己创造未来，活出自己的精彩。

婚后也别停止自己的追求

聪明的妻子懂得：男人不喜欢太缠人的女人，但当女人表现出对他满不在乎的态度时，他便会主动去关注妻子的生活。可能是一种逆反心理，也可能是出于好奇，或许两种心理都有吧。

大多数女人步入婚姻后，她们只要自己的家庭，甚至不惜牺牲事业、亲人、朋友，只要能天天和爱人腻在一起，她们什么都可以放弃，却浑然不知自己已经渐渐和这个飞速发展的社会脱节。一个女人如果把婚姻当成全部，那么，她最终收获的将是失望。

女人要长期吸引一个男人，就要始终保持自己独立的个性和立场，始终有自己可以做的事情，有永远停不下来的追求。

女人步入婚姻后，就常常以家庭为重，渐渐失去方向。青青也不例外，为了丈夫和孩子牺牲了自己的追求甚至放弃了自己喜欢的职业。

偶然的机会，青青看了一个女性访谈节目，讲的就是如何在婚后做一个有追求的女性：重新设计自己，发现自身内在的价值，训练自己热爱生活、珍惜生命，重新创造生命的亮点。播种一个思想，收获一种行动；播种一个行动，收获一种习惯；播种一个习惯，收获一种性格；播种一个性格，收获一种命运。思想决定行动，当方向错的时候，一切的用功均是浪费……

青青看后，大受触动。自己现在就是一个黄脸婆，没了自己的追求，没有思想，没了人生的方向，变得喜欢啰唆，爱管制丈夫和孩子，整天操劳家务，还经常为点小事和丈夫吵架……

青青想了很久，她不想再过这样的生活，她要找回那个有梦想的自己，于是她开始了自我改变。

现在的青青和以前完全不同了，再也不像以前那样把丈夫当作自己的全部了。她觉得每个人都应该有自己的梦想，有自己的生活圈子，丈夫也应如此。所以当丈夫再次和朋友喝酒到很晚时，青青没有发火，还很体谅地打电话给丈夫，让他别喝太多。

她把孩子放到了父母那儿，回到了以前的工作岗位。周末的时候会和家人、同事一起去逛街、美容、健身，甚至还去听不同的讲座，增长自己的知识……

本就漂亮的青青现在充满了魅力女人的吸引力，丈夫晚归的现象再也没有出现过，家里也没有了硝烟的味道，而且丈夫现在只要看到青青，整天都是乐呵呵的。

所以，无论你的出身是多么平凡，甚至卑微，只要你永不停止自己追求的脚步，就一定能够活得很开心、很幸福。

当家庭、生活、事业均步入稳定、安逸状态的时候，作为新一代的女性还应该追求些什么呢？这是很多女性值得思考的问题。仅仅局限于做一个女主内的传统妻子吗？在这个科技飞速发展的社会，手工家务已经被许多家用电器取代，孩子们也被各种辅导班聚集到了一起。可以说，不用再为家务费心费力了，在孩子身上也不用那么操心了。那么剩下来的时间，众多女性朋友都做些什么呢？

比如，多学习一些新的技能和知识，也可以参加一些成人学习班，就像学外语、烹饪、插花艺术等，而不是仅限于家里的那几平方米。当他对你的新本领刮目相看的时候，那么，男人会主动靠近你、了解你。

时尚一直都是女性朋友们津津乐道的话题。对时尚信息多进行一些了解，掌握穿衣打扮的技巧，多看时尚杂志，而不是给自己一个老古董的定位。这样的你才能散发出异于常人的魅力。

多关注一些时事新闻，让自己能掌握更多的信心。这样，当你和老公或是朋友聊天的时候，才不会让你的无知把你带到尴尬的境地。

你可以不上班，但至少要有自己的爱好，最好有一份自己的收入，比如可以做个自由职业者或者公益事业支持者。

没有同事可以，但没有朋友是万万不能的。因此，你要和朋友经常保持联系。经营好自己的家庭固然重要，但你生活的全部不是家庭。朋友是你需要的，因为你能和他们说话聊天，多出去走走不会让你的生活质量下降，反而能让你的视野变得更开阔。

女人无论在婚前还是婚后都是要有自己的追求，要有充实的生活和精神寄托，那就要有自己的事业、生活圈子、朋友，还有个人的空间。当然既然结婚了，很多生活就与老公分不开了，但是不能把所有的精神寄托都放在老公身上，这样会迷失自己。一定要先懂得自爱，才会赢得老公的爱。

你不该成为某男的附属品

女人的幸福谁能给予？是卿卿我我的婚姻中的那个男人吗？不可能，因为当他对女人迷恋的时候，女人就像是一个天使；当他厌倦的时候，女人就像是一个不想沾染的负累。女人应该将幸福掌握在自己手上，而不是祈求别人给予。所以女人要有自己的生活，要独立。也许你在经济上还没有独立，但是要先让你的思想独立。你首先要做好自己，其次才能做好别人的妻子。你要在你规划的未来的实现过程中，把你的感情归纳进来。千万不要为了感情而牺牲自己的快乐，更不能因此而牺牲自己。

被浪漫和激情冲击得找不到北的时候，曾巧玲把老公当成她的全部。结婚后她在家里做了全职太太，觉得靠着老公会更轻松自在一些。但渐渐地她发现自己在精神上也成了寄生虫，她需要老公不断地开导和安慰，才能获得心灵的一丝平静。但更多的时候，她隐隐有种不安的感觉，因为她总担心老公有一天会不爱她了，更担心老公的心被其他漂亮的女孩子掳走。为此，她惶惶不可终日。

后来在自己的开解下，曾巧玲重新回到了职场。同时，她开始想办法丰富自己的内心，恢复了和好友的联系，经常与她们探讨经营婚姻的秘诀，空闲时间还会去参加一些相关的讲座和培训。

渐渐地，她发现原来的那个自己又回来了。工作和人际上的一些烦恼，不用老公开导自己也可以解决了；对家里的一些决定，也有了自己的看法，而不是事事都听老公的；而且，在老公遇到想不开的事情时，她还能开导他。对于曾巧玲的变化，老公也感到很诧异，他变得愿意和曾巧玲沟通了，也比以前体贴了，有时候遇到问题，还会主动征求曾巧玲的意见。

女人在感情世界里永远都是最易受伤的那一个。最直接的原因，就是女人把男人当成了自己的全部，视其为生命的主心骨。很多女人，除了家庭以外，一无所有。一旦婚姻遇到问题，她就一无所有了。所以，为了能保住这唯一的所有，她愿意牺牲一切，在一次又一次的牺牲后被伤害。

女人千万不要做某个男人的附属品，要懂得让自己的内心得到充实，可以通过读书、交友、聊天等手段，即使没有爱情滋润，也要让自己活得洒脱一些。女人不应该为不爱自己的男人流泪，更不应该为男人的承诺去等候一生。女人，要做一根独立的肋骨，不依赖男人也能活得很好。

黄玲云是中文系的硕士生，结婚后出去找工作，和其他同学一样做简历、挤招聘会。当时她觉得凭着研究生的学历和在省电视台实习的经历，绝对可以找到一份好工作。谁曾料到，走进招聘会后她才发现根本和她想的不一样。

周围的朋友劝她："何必辛苦呢？你老公留学归来，又是工科博士，那么多单位开价都是一两万的。你索性就别找工作了，在家里面写点小稿子，赚点稿费，不还是过得好好的吗？"于是她把档案往人才市场一放，回家做起了家庭主妇。

可当时间一久，她才发现这种生活并不像朋友们描述的那样好。老公去上班了，她还在睡大觉，中午一个人在家随便吃点将就着，一整天就在家里穿着睡衣到处晃悠。于是她心中油然而生一种失落感，渐渐地，脾气也变得越来越坏，动不动就要发火。

梦醒时分，她总是问自己：这种生活真是我想要的吗？答案是：不。我要工作，没有原因，只是需要。

于是，趁着老公去上海发展之际，她又像一个应届毕业生那样，踏上了求职之路。终于，她找到了一份报社编辑的工作，虽然月薪不高，但工作让她感到前所未有的充实。她说："在上海这座人才济济的城市里，我看到了优秀女人的生活方式。如果你要问我累不累，确实累，但我很满意现状。现在，我的朋友们都觉得我比以前有神采了。”

自立的女人一定会将终身幸福牢牢掌握在自己手上。尽管男人在求婚时发誓说“我会给你幸福，一辈子”，但他没有那么多精力来打理你的幸福，更何况男人一般达不到女人对幸福的要求。所以，女人要和他一起共同为家庭付出。这样即使当你面对婚姻的破碎，也会有勇气重新拾起生活的信心。

成功对于男人而言就是追求的极致，幸福对于女人而言就是她的极致了。在这个竞争日趋激烈的社会中，女人不该再把男人当成是自己的主宰，更不应该让自己成为男人的附属品。在这样的社会风气中，女人要做的是学会自我拯救和自我完善，要学会独立，学会保护自己，学会储备能量。总是渴望并等待他人赐予你幸福，感受到的永远是被动和不安全。所以，女人们要不断地完善自己、提升自己，绝不把终身幸福寄托在男人身上。

水满则溢，月满则亏

“水满则溢，月满则亏”。爱情的道理同样如此。很多女人结婚后总是把男人当作自己的全部，对他投入全身心的爱，最后却总是落得独自垂泪的下场。爱一个人，并不是毫无保留，即使再爱，也要把握住分寸。常言道：喝酒不要超过六分醉，吃饭不要超过七分饱，爱一个人不要超过八分。所以女人们一定要记得给自己留一点爱，受伤的时候还有自己。

苏芩和老公结婚四年了，她一直都在为爱付出。她放弃了婚前所有的爱好，远离了婚前所有的好友，只把自己关在小小的家庭里，忘我地付出着。

家里的生活都是她一手操持的，老公什么事都不用管。她每天费尽心思变着花样给他做好吃的；每次出去逛街，都为他买回满满几大袋，自己却什么也不舍得买；他的言论、他的看法，她都觉得是最好的；每天都比他早起一点，晚睡一点。渐渐地，这些习惯一点点吞噬着她。

她反复吟唱着王菲的《我愿意》：“我愿意为你，忘记我姓名……我愿意……失去世界也不可惜。”这首歌仿佛唱出了她的心声，她愿意为他付出一切。苏芩以为，她对他的爱无私无悔，他们的感情一定能够天长地久。

可是，老公最后还是辜负了她，于是她开始把爱化成满腔的恨意，她恨他无情，也恨自己的愚蠢。

他老公却觉得自己很无辜：“我并没有让你为我做这一切啊，我以为你那样做是因为你自己喜欢。”男人就是一个矛盾的动物，他们都希望女人全心全意爱他，为他付出一切，却又害怕背上沉重的责任。所以，他们，最终都会选择逃离。

爱一个人太深，他跟谁在一起这是你最在乎的，你在乎他心里是否有你，你的眼球会因此而变得迷茫，会因为他而牵肠挂肚，患得患失。

爱一个人太深，会毫无原则地忍受他，慢慢地他习惯于这种纵容，无视你为他的付出，甚至会觉得你很烦，太没个性，甚至开始轻视、怠慢，不尊重你……

爱一个人太深，你会变得神经兮兮翘首以待地见到他，当他离去时又突然心生一种莫名的失落感。

爱一个人太深，因为他的温柔你会变得满怀甜蜜，更会因为他对你的冷漠而把自己变成一个抑郁寡欢的人。

爱一个人太深，你就像一支蜡烛一样，为他照亮前程的同时，奋不顾身地燃烧着自己，你这样做，无非是求得他对你一时的光与热。当蜡烛燃尽之时，你已经没有了任何资本。而对方便会对你甩手不理。

爱一个人没有错，但是如果你太爱他，爱到失去了自我，男人们就会喘不过气来，会有很大的压力。因为他们想要的是自由，你的爱越多，他会越想要挣脱你爱的枷锁。虽然你并没有束缚他，可是你超过十分的爱却让他想要逃离。

爱一个人，爱到七八分是最合适不过的了。爱得太深，他就变成了你的世界；分开了，你就没有了世界。飞蛾扑火的爱情固然显得壮美，但当他抽身离开之际，你又该如何收拾这寂寞的残局？太爱了，会增添彼此的压力，也会冲淡爱情的乐趣，爱他也要学会爱自己，别让爱成为一种负担。

婚姻就像电脑一样，需要更新和升级。一成不变只能被社会的进步大潮淘汰。婚姻就像花儿一般，需要养分和呵护。爱一个人，爱到八分是最佳的火候，给自己留些时间和空间，婚姻才会保持新鲜与活力。理性在很多地方都受到赞扬，独独在感情中，理智使得感情的汤始终不能到达沸点。可是，看到太多的人被爱烫伤，才觉得，一锅到达沸点的汤未必可口，一锅温度适宜的汤，却带给人更多愉悦。

第五辑　学会经营婚姻

每段婚姻都有其自身的规律，如果去找到并掌握好这段规律，就能成为婚姻幸福的关键要素。如果一个女人能够认识到这种规律，并学会如何去经营，毋庸置疑，她将会在这个家庭中占据最有利的位置。

为婚姻加点儿料

婚姻有时候就像是一种另类的绑架，两个人在一起朝夕相处久了，就容易产生厌倦情绪。对这一点谁也不能否认，就是所谓的审美疲劳吧。但是，有人认为朝夕相处，太习以为常了，就不用再珍惜了。这种想法就是大错特错了。还有人认为求爱的时候，因为要得到他，所以要用各种方法讨他欢心，结婚以后就不需要了，这种想法也是不对的。

婚姻生活的平淡是很正常的现象，居家过日子本来就不会天天有什么惊天动地的大事，但是甘于让日子平淡如水，就是婚姻中两个人的问题了。既然两个人的感情还在，就没有必要让它在婚姻中独自冷却吧？其实人们都是需要感情的动物，只需要一点“小花招”，就能将感情点石成金。有很多恩爱夫妻，成功维持婚姻的秘诀，就在于如何互相调适，让沉默已久的爱在婚姻中重新奏起和谐的乐章。

有一位50岁的女士，一个离婚不离家的人，或者说，是一个希望能从失败的婚姻中找到教训的女人。她在网上留言中说：

我的前夫53岁，当初我们结婚，我是出于找一个能帮我调动工作的人的目的，而他是为了听从他父母的安排。

我们是通过别人介绍相识的，就这样“恋爱”了两年。说心里话，两年里我对他还是产生了一些感情的，所以，在我的“要求”并没有落实的情况下，我们就走向了婚姻。婚后一年我们育有一子，我和孩子住在我妈那里，他隔些日子就会来看看我们娘俩，我也没感觉怎样。

那个时代，谈恋爱的话题都是关于工作的，我们对其他方面也没怎么关注过，再加上我自理能力强，所以婚后我几乎承担了家庭里的所有事情，而他总是忙于工作，我对他也没有要求。我在两年前退休，这样时间也多了起来，我开始注重生活的品质了。也就是在我退休后的这段日子里，我才发现他原来是一个没有生活情趣的人。由于刚结婚的时候我俩在一起的时间短，相互都了解不深，日子还勉强可以过。但是也有许多矛盾，三句话不过他就提离婚，由于孩子小顾虑比较多，所以一直在委曲求全。

就这样过了十几年，我们的家也总算稳定了下来，我心里也算是踏实了。但我觉得我们的婚姻真的是越来越不协调，他对我越来越冷漠，甚至连看都不看我一眼，我相信他并没有外遇。但是我不知问题出在哪里。

后来因为生活中的一件小事，他又跟我提出离婚，我最终同意和他协议离婚。房子他给我，但他在离婚后并没有离家。

这并不是我想看到的结果，我还是希望这个家是完整的，直到现在我还尽量满足他生活上的一切需要，也希望我们彼此能多一些沟通，但是做到这一点很难。我现在患上了抑郁症，已经不堪忍受这样的折磨了。

很明显，在上面的婚姻中存在不和谐的元素，他们彼此并不知道爱是什么，甚至为什么选择婚姻都没有仔细思考过。婚姻就像建造房屋一样，地基都没有打好，最终的结果只有倒塌，怎样才能打好这个“地基”呢？“爱”就是这个地基，选择“条件”“需要”去打地基，只会造成大厦将倾的结果。上述事例的当事人，因为没有深入彼此的心灵，没有用爱来滋养彼此，所以他们的婚姻不具备任何抗震能力，甚至都经不住风雨的吹打。这位女性的内心深处受到了很多伤害，为了维持“家”的圆满，这么多年来，她承担了那么多的责任，付出了女人最宝贵的青春，但得到的是丈夫的不解和离婚。其实在这桩婚姻中，男方也不快乐，两个人的内心都很孤独、寂寞，彼此都很痛苦，但彼此没有能力进入对方的心灵，因为没有爱的元素。这个缺少了爱滋养的婚姻，必定会影响到亲子关系。

因为他们婚姻的基础不是爱，所以也就谈不上“会爱”了，而他们的孩子在缺少爱的家庭中长大，内心一定有“我不够好”的念头。而如果父母双方有一方又在那种父母说的算的家庭里长大，则又会让孩子受到“我应该……”这种“紧箍咒”的影响，即使为此感到疲倦也仍然无法放松。结果孩子就成了极度追求完美的那种人，不但对自己这样要求，对别人也是以这个标准来衡量，给自己和他人带来压力不说，连孩子的未来婚姻生活都受到了影响，父母这样的情感模式必定会被孩子所延续。如果父母不懂得爱自己，那么就请教会你的孩子爱惜自己吧。

太多的人是茫然走进婚姻的，结果必定是大失所望。轻则生活质量受到影响，重则出现婚外恋、离婚等现象。婚姻需要爱。如果因为婚姻生活的平淡无奇而失去激情，最终对家庭和爱人都感到厌倦，那么受到影响的绝对不只是一个人。婚姻的本质就是爱，在婚姻中需要时时为婚姻保鲜，需要你将爱大声地表达出来。为什么不用爱给婚姻添点生命力呢？要知道，唯有如此，才能让你的婚姻永远稳如泰山。

像经营公司那样经营婚姻

刚结婚的夫妻，彼此还存在着新鲜感，保留着恋爱时的激情；随着时间的流逝，家庭琐事越来越多，最初的激情也在慢慢淡化。当爱情逐渐升华成亲情，这中间的摩擦也可想而知。长久的幸福是需要智慧和规划的，聪明的女人不妨把老公当成你的合伙人，像经营公司那样经营你们的婚姻，共同创造幸福，努力提升婚姻的幸福指数。

很多女人在结婚后就把全部精力放在了孩子和家务上，随着时间的推移，对老公的关心和体贴大不如前，老公心中难免失落不已。久而久之，婚姻就会出现或大或小的裂痕，让你们的感情产生危机。

小爱和他的老公闹了别扭，她感到很委屈，于是就跑去向朋友诉苦。

在讲述的过程中，小爱听到朋友咳嗽了一声，就赶紧关切地问她是不是感冒了，需不需要去医院看看，用不用吃药打针……朋友听到她这些关切的话语心里很是感动，就随口问她："当你听到你老公咳嗽时，你是不是也这样关切地问过他？"她说："他平时很忙，公司里的事情一大堆，我也要上班、做家务、带孩子，哪里顾得上，有时连他得个小病都不知道。就是偶尔看他不舒服，看他能吃能喝，感觉也没什么大碍，也就不去过问了。"

朋友听了对她说："你整天都把精力花在了家务和孩子身上，却忽略了自己老公的感受。忘记了去经营家庭婚姻这个公司，这个公司长期没人经营，也会出问题的！婚姻生活无小事，夫妻之间彼此的关爱，就体现在生活的每一个小细节上，就看你有心无心了。"小爱听了朋友说的这些话，好像有些领悟。过了几天小爱打电话告诉朋友她和老公和好了，并且感觉现在和老公之间的关系好了很多，感情越来越稳固了。

正如经营公司一样，要想把公司做大做好，光靠一个人的力量是办不到的，合伙人的智慧和力量不可小觑。婚姻的幸与不幸，是需要两个人共同经营的。你只有把真诚、信任、宽容、理解投入到“合伙人”的身上，合伙人才会回报给你欢乐、幸福、甜蜜、温馨这些丰厚的报酬。

婚姻生活中，夫妻之间的关怀和体贴是至关重要的。有时候一句温馨的话语，一个关爱的眼神，一个轻轻的拥抱，都会使你们的婚姻生活更加和谐。有很多女人认为：“两个人都在一起那么多年了，不就是平平淡淡把日子过好，哪里还有那么多讲究呢？”这种看法其实大错特错，婚姻经历得越久，就越需要用心去经营，如果你们都不讲究了，你们的婚姻也就濒临结束了。

合伙人之间最重要的就是信任。你有你的圈子，他有他的圈子；你有你的思想，他也有他的思想。不要因为他偶尔的晚归，就怀疑他在外面花天酒地，也许他只是和客户谈一个很重要的生意；不要因为他这个月少交了500块钱，就认为他包养了“小三”，也许他只是某天生病，把钱拿去买药了……既然两个人选择了“合作”，就必须完完全全去信任对方，因为婚姻经不起怀疑。

宽容是幸福婚姻的基石。不管你以前是怎么样的，走入了婚姻这个“小公司”，你就得大度一些。在你善意的提醒下他依然改不掉某些无关紧要的坏习惯时，与其大吵大闹，不如睁只眼闭只眼；在他达不到你的某些无理要求的时候，不要小肚鸡肠地去指责，而应该以一颗宽大的心去包容。

经营婚姻，更要让合伙人拥有充分的自主权。千万不要试图绑住他、牵绊他，拥有自主权的他才能在他的世界里任意遨游，开阔思想，为你们的幸福生活锦上添花。

沟通是经营婚姻必不可少的一门课程。如果你用无形的绳索将他套牢，就会让他越想远离你。如果心灵上缺少了沟通，那么夫妻之间无异于同床异梦，进而转型为“为了孩子凑合的婚姻”，一旦在某些方面遇到了诱惑，这样的婚姻绝对会“不攻自破”。

成功的幸福婚姻不是你一个人经营得来的，你必须要有一个优秀的合作伙伴——老公，在天长日久的生活中与你互相扶持、相互理解、共同努力，才能让你们的婚姻之花越开越灿烂。

有矛盾是正常的，但要正确地处理

婚姻不是照镜子，不是你我对看，而是向一个方向看齐。婚姻的幸福度在于夫妻之间的联结度。夫妻之间联结得越紧密，就越容易感受到幸福。怎样加强夫妻之间的联结？正确处理生活中的每一个小细节都可以加强这种联结。

婚姻生活中一般不会有什么大是大非的问题，所以矛盾或冲突不过是夫妻各自立场的问题。如果能秉持“夫妻是共同体”的原则，很多问题就会迎刃而解。

都说“不是冤家不聚头”，小慈和阿孝可能从一开始就注定是冤家。单位的阿姨们张罗着要给小慈介绍对象，小慈的条件是：一是人要长得高大英俊；二是工作单位要好；三是家庭条件要好。不久有人介绍小慈和阿孝认识，小慈不禁大失所望，毫不客气地对阿孝说：“我还以为是一颗钻石呢，原来不过是一块粗糙的石头。”阿孝也不客气地回她：“嗬，我还以为是什么金枝玉叶呢！还真不怎么样。”小慈气得牙齿“咯咯”响。

俗话说：“不打不相识。”这两个欢喜冤家竟然在随后不久步入了婚姻殿堂。

从婚后的第一天起，他们不足几十平米的小屋真的可以用“硝烟弥漫”来形容。不管因为什么事，夫妻俩总要争出个高低，谁干活少了，谁先追的谁，孩子像谁等都能引起他们的“战争”。

小慈斗不过阿孝，就去争取女儿的支持。小慈问女儿：“你是喜欢爸爸，还是喜欢妈妈？”女儿回答：“喜欢爸爸！”小慈便诱导女儿：“妈妈给你买花衣服和好吃的，你爸爸从来没给你买过……”4岁的小孩子哪里有什么坚持的立场，很快就转变过来：“妈妈，你才是我最喜欢的人！”

阿孝也不甘示弱拆小慈的台：“妈妈是个粗心妈妈，上次给你买鞋子，结果一只大了一号，一只小了一号。”小慈立即反唇相讥道：“你给女儿做的风筝还没飞出10米就掉下来了，还不如路边5块钱一个的风筝呢！”

朋友们调侃他们的婚姻就像是在剧场说相声一样，不出三年，他们家准能有一个“国嘴”诞生。小慈和阿孝报以无奈的笑。他们也觉得这样很伤感情。两个瓶子，再坚固，老是碰撞，也终会留下伤痕吧。可是，一遇到什么事，他们好强的性格又上来了，一定要争个输赢才肯罢休。

一对陌生男女因爱而步入婚姻，他们结婚的初衷无非是为了让生活变得更加美好，而不是为了一较高下。将婚姻当作一较高下的行为是一种幼稚的竞争，这样做，最终的结果只会是一损俱损。

小慈和阿孝都是争强好胜的人，这并不是什么缺点。但就婚姻而言，这种不良习惯早晚会让他们的婚姻亮起红灯。

结婚就意味着两个人成为一个整体，幸福的婚姻是建立在“我们”的基础之上的。不管遇到什么问题，都要有共同意识，这样才能将问题妥善处理。正所谓：人心齐，泰山移。即便是遇到再大的困难也会有解决的办法。

两个人携手同行，也会遇到矛盾和烦恼，但两人既然已经结为连理，并且你们行路的方向都一致，那么，何不少些争执和挑剔，多一些宽容和理解呢。当两个人变成同盟关系，很多棘手的问题都会迎刃而解。

夫妻关系是整个家庭关系的基础，夫妻要形成一个唇齿相依、息息相关的共同体。如果夫妻都不能结成统一战线，而是处处敌视、攻击对方，那就瓦解了家庭存在的基础。

形成了共同体的认识，这只是迈向幸福的一小步，我们还要将这种意识融入到生活中，并且多加练习，这样才能收获幸福。基于这几点，我们给小慈和阿孝这对夫妻布置三道家庭作业：

第一，如果再发生对立场面，立即牵手，以示和解。如果这样的情绪难以得到平复，无法友好地说话，可以暂时牵着手静静地什么也不说，等到都冷静了下来，再选择正确的立场。

第二，平时说话多使用“我们”的代词，少使用“我”和“你”，特别是减少“我”和“你”同时出现的频率，避免将两个人人为地弄成对立面。

第三，规划共同的未来，探讨1年之后、5年之后、10年之后，“我们家”“我们”两个人的状况。为实现这些个目标，“我们”要做些什么呢？通过这些讨论，增强俩人同舟共济的责任感。

冷漠的出现，往往带来婚姻的不幸

印度诗人泰戈尔在他那首著名的诗《世界上最遥远的距离》里，有这样几行诗句："世界上最遥远的距离／不是生与死／而是我就站在你面前，你却不知道我爱你……世界上最遥远的距离／不是明明无法抵挡这股想念，却还得故意装作丝毫没有把你放在心里／而是用自己冷漠的心，对爱你的人，掘了一道无法跨越的沟渠……"

冷漠是一个黑色的、缺少生命力的词，是婚姻中最具杀伤力的"武器"，是对情感的蔑视，是对婚姻的一种否定。如今它已经成了家庭冷暴力的一个新概念。冷漠的出现，往往带来婚姻的不幸。

在现代的家庭中，夫妻双方的冷漠关系已经成为一种常见的生活方式。这就是人们常说的"家庭冷暴力"。这种暴力让很多人都痛在心里……

一位正在遭受冷暴力伤害的女士这样说道："我们每天都不说话，我有时想和他做一些沟通，可是他一副冷冷的样子，我的话根本就说不出来。如果再这样下去，我的精神真的要崩溃了。"

曾对浙、湘、甘三省众多家庭作过调查的中国法学会发现家庭中若有矛盾存在，"冷暴力"是这其中六成家庭的"常客"。还有一些专家甚至表示："实际上每个家庭都出现过不同程度的'冷暴力'。"

关于冷暴力，真的可以说是众说纷纭。那么冷暴力究竟是什么呢？是用言语组织的谩骂攻击吗？还是从精神方面对对方的漠视？我们用"冷酷""暴戾""杀伤力"拆解了"冷暴力"的含义。

中国家庭为什么越来越多会陷入失守于情感的婚姻阵地？这惊人的数据背后究竟意味着什么？

小西出嫁的前一天，奶奶告诉她，夫妻之间的争吵是不可避免的，但是谁打赢了结婚后的第一场“战争”，那么谁从此就是家庭的主宰，以后另一方就会言听计从。小西对此深表怀疑，觉得只是一种说法而已，两个人好好的吵什么架呢？

在婚姻中，总也不吵架的夫妻的确很少。小西也不例外，蜜月刚过，小西和老公的战争就来了：谁做饭洗碗，吵；谁拖地叠被子，吵；下班回家晚了，吵；和朋友喝醉酒了，吵……只是两人都“斗志昂扬”，从来没分出胜负。小西想起那个说法，是不是自己一开始没赢了他，才让自己后面的战争总是没法获胜？

可是现在已经这样了，索性就这样继续下去，于是，双方谁也不服输。渐渐地，俩人在一次次的争吵中都疲惫了、倦怠了，双方就陷入了“冷战”的僵局。两个人一连几天都不会说话。好不容易结束一场冷战，新的冷战又开始了，在这里你看不到硝烟弥漫，婚姻也因此变得摇摇欲坠。到了最后，两个人索性连冷战都懒得战了，有的只是彼此对视时那种冰冷的眼神。

在现实生活中，夫妻吵架很正常。只要是世俗的人，就不可能不吵架，就是非常恩爱的夫妻，也在所难免。但是，如果争吵成为一种习惯，那么这场战争一定会旷日持久，最终会毁掉婚姻，到了最后，不是不战，而是冷漠了。如果在平常的生活中，双方总表现出冷淡、轻视，就说明感情出现了问题。这些问题，可能过一段时间就会好，也可能让双方陷入到最终离婚的境地。

两个人几天不说一句话，虽身处一室，却视对方如空气一般，这就是夫妻间冷漠的表现。冷战和冷漠不同，冷战虽然对双方是一种折磨，各自也深知对方会为冷战而难受，但是这也是冷战的意义所在；冷漠是双方表现出一种对峙的状态，是眼里、心里有对方却静观其变，在这种对峙中可能和解，也可能让婚姻土崩瓦解。前者开始和平、安定的幸福生活，后者则慢慢把夫妻变成了冷漠的两个人，于是开始对对方熟视无睹、可有可无。这样的战争到最后的结局都是能预料到的。当家庭中充斥着“冷暴力”时，夫妻双方应当敞开心扉，从思想感情等方面入手交流，让彼此沟通，让彼此的不满得到宣泄，以此来达到提高婚姻质量的目的。

许多婚姻的破裂无不是经历争吵、冷战，到冷漠的过程。当冷漠来了，婚姻就走进了坟墓。冷漠就好像一把双刃刀，在一面冲向对方的同时，别忘了刀的另一刃正对着自己。何不通过沟通来融化这层坚冰？有时候一个关切的问候、一个微笑、一次耐心的倾听、一个拥吻、一份小小的礼物都可能化腐朽为神奇。

婚姻需要彼此忠贞的爱

很多人都有过“嫁错郎，娶错妻”的想法。产生这种想法的原因很大程度上是取决于将自己的爱人和别人的爱人相互比较后的结果。比如：“孩子是自己的好，老婆是别人的好。”“如果我当初嫁的不是他呢？”“假如我和那个人结婚会不会比现在好呢？”将你带到绝望的境界就是因为这些“如果”的念头。事实证明，别人的伴侣越吸引你，你对自己的伴侣则会产生越来越多的不满，对你的伴侣也会投入越来越少，幸福感也会越来越低。

真正忠贞的人绝不会用别人的魅力来贬低自己的伴侣。忠贞会让不满从你的心里搬家，最终获得幸福。

如果渴望美好的婚姻，那么，你要做的就是不断地给你花园的花草浇水和施肥，让它能蓬勃生长，而不是在篱笆旁徘徊，张望外面的风景。

“开放的婚姻”是最受美国人提倡的，他们认为在这样的婚姻里，首先爱是建立在彼此的平等意识上的。首先它强调夫妻是两个独立的个体，进而才能成为一个整体。一个人只有在这样的状态中保持足够的自尊和自信，才能争取到别人对你的爱。

爱的忠贞是忠诚中最重要的内容，既然已经携手相伴，那就得对所爱的人不离不弃。婚礼上的庄严盟誓：从今而后，不论境遇好坏，家境贫富，生病与否，誓言相亲相爱，至死不分离，是对双方的约束。

在《中国式离婚》这部电视连续剧中，提出过对婚姻三种类型的背叛：身体、心理和身心的背叛，而且断言在80%的婚姻中都存在着不同程度的背叛。一石激起千层浪，人们开始纷纷质疑枕边人的忠贞度。

按《中国式离婚》对“背叛”的分类，“心的背叛”算是现实婚姻中比较普遍的一种状况。如果真的说80%的婚姻都存在着背叛的话，那么至少50%的背叛是属于心的背叛。因为这种背叛不易察觉，是“慢性”的，对婚姻的伤害往往更深。

结婚，就意味着两人有了身心忠贞的承诺。当然，这不是说你不能再与其他人建立深厚的情感。朋友，在任何时候都是需要的，而且，有时候，你的确需要外力或者外人来协助你与配偶建立更亲密的关系。比如说，你们夫妻吵架了，针锋相对，势不两立，这时候，朋友可以作为你的倾诉对象和心灵安抚者。

但是，如果你利用婚姻中的其他人来规避配偶，或者说其他人让你与配偶拉开了心理距离，霸占了你更多的精力，那么，这就是一种心的背叛了。

现代社会流行“第四类情感”的说法，这种情感介乎朋友与爱人之间，比朋友亲一点，比爱人和情人疏一点，称为红颜知己或蓝颜知己，这种情感到底是有利于婚姻的幸福还是有害于婚姻呢？是提倡还是反对呢？众说纷纭。

这其中的问题就关乎一个“度”字。在婚姻之外交朋友，无可厚非，因为并不是每对夫妻都能做到万事心有灵犀，你也不可能从一个人身上满足精神上的一切所需。比如说，你喜爱音乐，可是配偶对此毫无兴趣。那么，你可以与欣赏音乐的朋友谈论这个问题或去参加某些音乐活动。基于这个原因而产生的“第四类情感”其实仍然是朋友间的一种友谊，是积极的。

会导致婚姻危机的是，你纵容自己受私欲诱使，以至于尽量回避配偶，对配偶心不在焉，口是心非，这表明你的心已开始远离婚姻。如果遇到诱使你离弃婚姻的这类所谓“第四类情感”就需要及时刹车。

现在，在“第四类情感”的基础上又有了一个时髦名词：性友谊。倡导者提出，朋友之间可以通过握手、送礼物、拥抱表达友谊，为什么不可以用“性”来表达友谊呢？倡导者也将其归类为“第四类情感”，其实，这是为不忠找借口、打幌子。你连身体都背叛了，你还能说你对婚姻是忠贞的吗？忠贞，是包括身心的。

所谓不忠，就是刻意地将自己切成两半，其中一半的自己与这段婚姻毫不相干，甚至相抵触。

很多人习惯于将自己的不忠归咎于对方：“要不是他，我也不会到别处去寻找爱。”或者说：“假如他能满足我的需要，事情就不会发生了。”

这种说法简直是大错特错！不忠是一个人的行为，而非两个人的行为。不管对方有多大的错误，你的不忠都是罪大恶极的。婚姻不忠，带来的是无与伦比的伤害。

忠贞比爱更真实，同时忠贞是爱的试金石，是否真爱，忠贞可以回答你。当然，忠贞只是爱的必要条件，并非充分条件。也就是说，真爱一定会忠贞；但忠贞并不一定能显示真爱，因为忠贞也有层次之分。

兰萍和丈夫结婚15年了，他们对对方越来越不满意，俩人的关系越来越疏远。不久，兰萍在工作中遇到了一个让她心动的男人——伟。伟是离异的单身男人，他思想睿智、举止稳定、谈吐幽默，对人细致体贴。他曾向兰萍表示过好感。这不禁让兰萍心旌摇荡。她思索着：丈夫永远也不会变得像伟那样优秀，他们夫妻的感情已慢慢枯萎，而且很难再重焕生机，再这样拖下去，对两人都是一种折磨，既然如此，不如趁早解脱。

然而，当她真的开始考虑和丈夫离婚的时候，又陷入了苦恼之中。她首先想到的是：10岁的女儿会对此有什么反应？她幼小的心灵会受到伤害吗？她目睹过，也听说过很多单亲孩子心理出现问题的例子。接着，她想到的是，女儿跟谁比较好？跟自己吧，不知道伟是否会接纳孩子，女儿就会成为自己幸福的拖累；跟丈夫吧，又担心他一个大男人照顾不好孩子，如果有了继母，那孩子的处境就更糟了。还有，丈夫会轻易同意离婚吗？他会不会百般刁难？如果偷鸡不成，反蚀一把米，那就太不值了。还有，共同财产如何分割呢？房子归谁？二十几万的银行按揭怎么办？孩子的抚养费怎么分担？跟伟结婚，伟是否会一直对她好？要不要再给他生个孩子？抚养两个孩子会有多艰难？

当兰萍想到这些问题的时候，她觉得头都大了。她开始怀疑离婚是不是一定要去做的一件事。她将现状和离婚可能带来的各种问题反复权衡、比较。她开始认识到：离婚的代价要远远大于现在需要忍受的一切。也许，留下来坚守婚姻是最好的选择。

作这个决定的时候，兰萍心里有些悲哀。悲哀过后，她不得不打起精神，继续早起为一家人准备早餐，继续按部就班地上班、买菜、回家、吃饭、睡觉。

在外人看来，甚至在丈夫看来，这段时间什么也没发生，他们仍然是一对互相忠贞的夫妻。那些早已冲破围城的朋友们还称赞他们可以坚守婚姻15年。

另一对夫妻，健华夫妇，也是结婚15年，繁忙的工作和琐碎的家务也让健华夫妇备感疲惫和焦虑，他们也经常吵架，但是从来不说出伤害对方的话。这让他们不至于对感情失望。

健华是保险公司的经理。一位漂亮的女业务员暗恋他，对他频送秋波。这让健华很兴奋，有年轻女孩爱慕，证明自己有男人魅力嘛。但是，他的感觉也仅仅止于兴奋，因为他知道，他有家室，不能浮想联翩。虽然和妻子有些矛盾，但是他们是有感情基础的，他相信那些小矛盾一定能化解。

于是，他克制自己“贪恋女色”的冲动，尽量回避和那个女业务员的接触，并努力去调和夫妻之间的关系。他尝试着和妻子坦率讨论生活中的矛盾，并共同解决。他们更加相爱了。

这是两个关于“忠贞”的故事。兰萍忠贞于婚姻那是因为她受到现有婚姻的约束，她是不得不选择坚持婚姻。而健华忠于婚姻那是因为受到婚姻中的爱的吸引，他是主动将心回归到婚姻。

爱的忠贞是以爱为核心，愿意为婚姻牺牲、投入、改善不太尽如人意的婚姻，以期让婚姻更完美。而约束的忠贞是受到压力的制约而被迫留在婚姻中，忠贞的行为只是维持了婚姻这个形式，实质并无改进。让人们受到约束的这些因素主要是：来自朋友和家庭的社会压力，经济考虑；对孩子身心健康的关心，担心丧失对孩子的抚养权或探视权；离异过程的困难，其他选择机会的贫乏等。这些因素越多，就越容易让一个人选择留在婚姻中，即使过得很艰难，也不得不这样选择。当然，假设夫妻不受这些约束的话，那么他们可能遇到矛盾就会闹离婚，这也不是好事。所以说，一定的约束也是稳固婚姻所必需的。任何婚姻都会有约束，而且随着婚姻的延续，约束也会更多。你们相爱了，于是你们结婚，然后你们有了孩子、买了房子，有了共同的存款，这个时候，作出一个选择都受到很多制约。越是相爱的夫妻越会建立很多联结，如共同投资某件事、和对方家人有更多密切联系，这些联结也成了一种约束。当你们考虑到这些约束时，你们会从中获取安慰。这种约束是有积极意义的，同样是约束，对于有些夫妻来说，那是爱的联结。两个人“融合”的深浅与否，关键就看约束多不多。但是，对于一些另类的夫妻而言，约束反倒成了他们婚姻的绊脚石，约束越多，他们就越觉得苦恼。即使在婚姻中选择坚守，那也是出于无奈。只有对爱人充分信任，并对自己严加约束，你们的婚姻才不会褪色。

寻找适合自己婚姻的性格

有一个故事：

身为英国女王的伊丽莎白和丈夫发生了矛盾，晚上伊丽莎白回来后，她发现打不开卧室的门了。女王敲门，丈夫问："谁？"女王傲气地回答："英国女王。"丈夫没有作出任何反应。她只好再次敲门，丈夫又问："到底是谁？"女王回答："我是伊丽莎白。"这次丈夫还是没有作出任何反应。这时，伊丽莎白女王似乎有所意识，紧接着她答道："我是你的妻子伊丽莎白啊，亲爱的，快点开开门吧。"话一说完，门开了。

在婚姻之中，无论是谁，都要收敛自己的脾气和性格，要磨平自己的棱角，幸福不是随心所欲，而婚姻和生活是性格的最佳雕塑师，在年龄适宜、具备一定的改变潜力的情况下，性格的改变自然会发生。如何改变性格？受婚姻这一内在驱动影响，通过转换角色或者生活经历来进行人格塑造。这也就是说，性格的改变，是生活经历塑造出来的，这是婚姻对一个人性格和习惯上的主动改造性；反过来，一个人在婚姻中，为了能更好地适应婚姻生活，也会从主观上进行自我性格和习惯的改变。其实，随着时间的推移，我们每个人的性格都在或多或少地发生改变。人的性格变化，是对自己婚姻的适应过程，也是婚姻和谐的一个重要因素。但是培养性格的关键还是在于人本身的改变潜力、欲望和能力。

1986年出身的陈琳和同样是80后的于鹏结婚了。婚姻没有陈琳想象中的甜蜜和幸福，反而矛盾越来越多。于鹏和陈琳都是家里的独生子女，从小于鹏就养成了大手大脚花钱的习惯，一个月工资一发下来，很快就花完了。陈琳就对于鹏说："婚前做'月光族'也就算了，现在结了婚有家要顾，还当'月光族'就有点说不过去了。"于鹏听了就有点不高兴了："就会说别人，你自己也要检讨一下自己，家里的活儿，什么收拾屋子、做饭洗衣服，样样你都拿不起来。"与此同时，两人个性方面也不时发生冲撞，换新手机必须两人一人一部，MP3、数码相机甚至电脑要置办也得平分秋色，可即便如此，因生活琐事引发的争吵还是越来越频繁。终于有一次，双方的矛盾彻底爆发，互不相让的两人在结婚周年时领回了离婚证。

这是如今典型的80后的婚姻，不肯改变自己也不肯过多地包容对方，经济不独立、家务低能，又缺乏婚姻该有的宽容，使得婚姻匆匆谢幕。

不相信爱情的人是可悲的，只信爱情的人是幼稚的。爱情这东西比较讲究主观，站在唯物主义的角度上来分析，就是客观实际见之于主观而形成的印象，你爱他，说明他身上有吸引你的地方，比如说甜言蜜语，帅气靓丽，这些东西只是暂时的。但是，有些东西是永恒的，就像性格、进取心、品格等。在短期内容易付出的也包括无私和大度，无论是哪一种人，因为那时两个人心存好感。但这种宽容和给予能维持多久，关键还得看性格。由此我们不难看出，在婚姻上首先要解决的事，就是重新培养你的性格。

改变性格的要点有三：

第一，在不能改变的基础下，只得暂时接受自己的性格短板。自己不会因为自卑和自责得到一丝好处。况且，性格缺陷不是自己的错，它是父母亲的杰作，我们只是命运的承受者和改变者。

第二，在做到完全接受自我后，就要将自己性格的长短之处冷静分析一下，尽可能做到发扬优点、回避缺点。

第三，学会从对方身上找优点，来弥补自身的弱点。夫妻之道在于共同进步，应当多惦念对方的好处，将自己的心态放宽，把对方给予你的包容、宽厚、理解等爱的各种形式也在潜移默化的生活中一点点回馈给对方，或者再加上你自身的一些优点。要知道在一定程度上改变自己，也就是在改变你的婚姻现状。

在婚姻生活中没有绝对的好人格，也没有绝对的希望。无论你喜不喜欢，每个人的性格都是独特的，每种性格都有其存在的合理性。我们无法选择父母会给予我们什么样的性格，但是，我们可以在后天环境中改变这种性格，为自己的婚姻塑造和培养适合婚姻的性格，做自己能做的事情。不伤害对方也就是不伤害自己。

千里之堤，溃于蚁穴

俗话说："千里之堤，溃于蚁穴。"婚姻亦是如此，大多数失败的婚姻常常是被一些日积月累的小事所破坏的。婚姻专家们对家庭琐事的研究发现，伴侣的小缺点和屡说不改是最让人们感到"厌恶和反感"的。在多次提醒而不改的情况下，提醒方甚至会提出离婚的请求。如一对夫妻协议离婚，仅仅是因为妻子不能忍受丈夫挤牙膏每次都从中间挤。这真的是让人无法理解。生活习惯的不同，竟然造成了婚姻的破裂。可见，经营婚姻是一件讲究技巧的事情，婚姻过程就好像磨合期一样。

在婚姻生活中，你和伴侣有没有因为"小疙瘩"而较真儿呢？在冲动的一刹那，你是如何处理的呢？

月月和赵启恋爱三年多，结婚了。月月自以为对赵启各方面的考察和了解已相当全面，再加上老妈的那双识人的慧眼，肯定是万无一失了。然而婚后，月月才发现赵启有很多小毛病。

比如说赵启回到家，在门口换的鞋永远是这里一只，那里一只，从来不肯好好放鞋；洗衣服的时候，也没有将袜子和内衣分开洗的习惯；洗澡时，永远不会把浴帘拉好，每次洗完澡都溅得卫生间地上满是积水；离开房间时总是不关空调和灯。其实这都是一些琐事，但琐事多了，月月就无法忍受了。那段时间，月月的心情郁闷极了，离婚的念头在脑子里转过好几回。

不久月月出差，南下半个月。回家之前月月特地提前一天打电话回家，告诉赵启明天自己坐飞机回家。然而当月月拖着疲惫不堪的身体回到家时，看见家里却是垃圾成堆，而赵启却埋在挤满脏衣服的沙发里看电视，厨房里的碗大概有三四天没洗。月月没想到多日的思念竟然换来的是这般场景，她终于忍无可忍了，哭着就把那些脏衣服往赵启身上扔，然后把赵启赶出了家门。赵启也没有多说什么，按了几下门铃就走了。第二天当月月冷静下来之后，赵启主动找到了月月，他告诉月月，自己昨天好好反省了一下，觉得自己是有不少毛病。但是他同时也说，他不喜欢月月的唠叨，不喜欢月月把穿过的衣服往柜子里放，不喜欢月月把衣服反过来晾，但是，既然决定在一起，大家就必须彼此包容。

当月月听到丈夫说出对自己的这些不满时，她呆住了。月月不知道，原来自己身上也有不少让人“不喜欢”的地方，但是让月月感激的是，丈夫一直在劝服自己包容这些“不喜欢”，因为这些都是小事。

了解到包容不是单方面的行为后，月月的心态平和多了。现在，月月不再纠结那些小事，赵启自己反而改正了不少。

在很多婚姻矛盾中，并非所有的家庭矛盾都是因为一些重大的事件而引起的。相反，往往是由于一些小小的事情。在婚姻生活中，这样的例子并不少见，细细想来简直太不值得。

小事累积久了，大家谁都不好受。每一个家庭的问题都不是一朝一夕引发的，然而任何一点生活习惯上的微不足道的小事都仿佛成了美玉上令人难以容忍的瑕疵，看多了，这个瑕疵慢慢地长在心上了。冲动的时候，就容易忽视整块美玉，而这点瑕疵就成了离婚的导火索。等到多年以后，大家才发现竟然为了挤牙膏这么一件小事闹矛盾是多么可笑的行为。也许，你应该给自己婚前的双眼更多一些信心。既然，他是你婚前仔细挑选过的人，那么他的人品、性格、能力大致来说是毋庸置疑的，但那些无碍大局的小毛病，你就可以选择睁一只眼闭一只眼。毕竟，谁身上还没几处缺点啊？就像富兰克林说的：“结婚以前睁大你的双眼，结婚以后闭上你的一只眼睛。”这种婚姻的经营之道才显得高明。

老公要哄而不要宠

在所有人眼中，男人是坚强的代表，但是有时候他们仍然有着孩童一样的脾气，对于这些已经成熟的男人，作为女人应该如何对待呢？其实，再成熟的男人也有其幼稚的一面，他们希望得到别人的重视，渴望受到妻子的宠爱和尊重。这时候你一定会说，过分的放纵一定会把他们宠坏的，男人一旦被宠坏，后面的工作可就难做了。不用担心，男人是要“哄”的，而不是“宠”的，尽管中间只变了一个字，意思却差之千里。哄可以满足男人获得尊重的欲望，可以帮助妻子成为他最贴心的人，当然最重要的是他永远不会成为一个被宠坏了的孩子，而是你身边最听话、最爱你的老公。

男人很坚强，但是，他们也有自己的脾气，有时候他们就像一个孩子，希望引起别人的关注。当他觉得自己受到冷落的时候，总是会生出一些事端来引起别人的注意。有时候他们外表看上去风平浪静，但是，内心却百感交集。尽管他们有很强的抗压性，经常摆出一副大男子主义的架子，但是，内心却渴望女人的关心和她们给予的温暖。他们渴望自己的女人能够把自己视为偶像，永远觉得他高高在上，并且仰视着、照顾着他。其实，作为一个男人，常常在各种矛盾的缝隙中生存着，经常徘徊在希望与失望、欢乐与悲伤之间，明明内心很希望得到别人的温暖和尊重，却偏偏总是死要面子活受罪。也许这就是他们从幼年养成的习惯，尽管年龄一天比一天大了，却没有一点进步，他们就像一个“老小孩”，想要让他们高兴起来，女人一定要讲究策略，既可以让他们生活得高兴，又不能让他

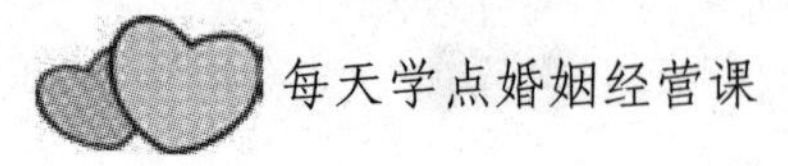

们得意地把尾巴翘上天。

这时候有些女人一定要挠头了，会说："我们是女人，怎么会了解男人到底在想什么呢？他们这些说风就是雨的家伙，说深了不是，说浅了他们又把你的话当耳边风。真不知道他们脑子里在想什么。"其实，想和这些"老小孩"相处愉快也没有那么困难，只要你记住一句话就完全可以搞定了，那就是："男人要哄不要宠。"

要知道，男人都是渴望被肯定的动物，只要你掌握好"哄"的分寸，适当地鼓励，适当地夸奖，他们就会很顺从你的意见，屁颠屁颠地去做你想要他们去做的任何事了。可现在有很多女人却偏偏掌握不了这种独门武功。一些女人总是在自己的爱人面前彰显自己全能的本领，洗衣、做饭、工作、带孩子样样不用他操心，慢慢地这一切都形成了习惯，男人被这种优越感宠上了天，认为一切本应如此，接受起来也越发心安理得。直到有一天，女人被累得心力交瘁，满肚委屈，他们还浑然不知，更有甚者还会上来说两句风凉话，让你心里又痛又气。可是你想过没有，这又能怪谁呢？要不是当初你把他宠上了天，也不会落到这步田地。

惠茹和任静是大学里的同学，关系又分外的好，毕业以后也恰好分到了同一家集团公司，在事业方面两人可以说是不分上下，当她们进入婚姻以后，却过上了截然不同的日子。

惠茹是一个好强的女人，结婚以后，真可以算是家里家外一把好手，一点都不用老公费心，不但事业蒸蒸日上，回到家还做得一手好菜好饭。每天没等老公回家，饭菜就做好了，家里的卫生也被她打扫得一尘不染。除了这些优点以外，她对孩子的教育方面也很重视，只要一有时间就亲自辅导儿子功课，儿子的成绩在她的辅导下也是名列前茅。然而就是这样一个看上去接近完美的人，却还不能让老公满意，他经常抱怨惠茹唠唠叨叨，实在烦人，还说她总是把注意力集中在孩子身上，一点都不照顾他的感受。更过分的是，只要地上有一点脏东西，老公就会皱起眉头说："你今天没擦地啊，怎么地这么脏啊？"听了老公在人前对自己的评价，惠茹既委屈又生气，明明自己已经很努力了，每天勤勤恳恳，什么都不想让老公多费心，却把老公宠成了这样，仿佛自己所做的一切都是理所应当。于是经过长时间思考，她决定和老公解除婚姻关系，理由就是：生活已经没有幸福可言，老公太过于挑剔，她永远达不到他的那些要求。

相反任静就要比惠茹聪明得多，在家庭生活上她可以说是一帆风顺，每天回家以后，老公就会把可口的饭菜端上桌，还高高兴兴地协助她一起做家务、照顾孩子。这让惠茹很是不解，于是就向任静取经。听了惠茹的抱怨，任静笑笑说："你啊，就是把你老公宠坏了，男人可千万不能宠，而是要哄的。"原来，一开始任静的老公也是不爱做饭的，偶然做了一次，任静就装出吃得津津有味的样子说："哇，老公，你不经常做饭，想不到你厨艺如此精湛，如果以后能天天吃到你做的饭那就太有福气了。"任静这么一说可把老公哄高兴了，结果每天任静回家，都能吃到老公为她精心烹制的美味佳肴。这时候任静又开始撒娇道："老公啊，咱们结婚那么长时间了，每天咱俩就知道在外面忙来忙去的，咱们的家越来越脏了，我知道你肯定舍不得我一个人打扫，你是最爱我的，是不是啊？你是我最好的老公了！"听了妻子半带撒娇的话，这个男人有了一种保护自己女人的欲望，于是两个人一起劳动起来。尽管任静的老公没有惠茹老公在家里那么轻松，却总在人前夸耀自己的老婆温柔贤惠。

两个女人，在婚姻面前却拥有着截然相反命运：一个费力不讨好，把老公伺候得舒舒服服却委屈了自己；一个没有费多大力气，却把老公管教得温顺又听话，更加疼爱自己。你也许在感叹惠茹的不值，也许会羡慕任静的智慧。总而言之，这个故事让我们深深领悟到了"哄"与"宠"的区别，虽然仅仅一字之差，对男人的效果却是天壤之别。我们经常觉得命运不公，为什么别人那么幸福，而自己的婚姻却这样乏味艰辛？但我们总是忘记，有些时候是我们自己在生活中埋下了错误的种子。幸福是需要用心去经营的，女人在丈夫面前要有自己的原则，不要自己承担所有，毕竟你们两个是一家人，应该同甘共苦。只有真正懂得生活的人，才能把自己的日子过得更稳固、更完美。

接纳婚姻里的不公平

我们都希望自己种下的种子能丰收，获得更多的果实。然而，在婚姻的道路上却充满着各种各样的不公平。有人抱怨为什么洗衣做饭的烦琐家务总是归自己；有人生气为什么在情人节的时候收不到玫瑰花和巧克力；有人觉得自己总是受到老公的冷落；有人抱怨回家之后连个说话的人都没有……尽管如此，你和爱人还是要同步地生活。要想让你和老公不错过人生沿途的风景，一路走到你们的目的地，我们必须适应各种各样你所谓的不公平，也许他忘记准备你生日的礼物，也许他忙过了头忘记回你的电话，但至少他还是在为这个家而奔忙，至少你还应该相信你们之间有温情的存在。在爱里接纳不公平吧！就当这一切都是甜蜜的错误，当你们携手走到了人生的尽头，就会发现，原来你们一直朝朝暮暮，对家的付出有多有少，却依然手牵着手走过那些最难忘的光景。

一段完整的婚姻差不多占据了整个生命的大半部分，但真正能够“执子之手，与子偕老”的恐怕不多。幸福、甜蜜、激情，这些固然是爱情生活中需要的，但衣食住行的琐碎、时而发生的争吵和一成不变的无趣才是生活的主心骨，最难以让人接纳的恐怕是“不公平”。然而，爱情的不公平其实就是婚姻里的一些小插曲，把它看淡。毕竟恋爱时你如公主般的优待已经不再出现，回归婚姻，你需要为丈夫和孩子无条件地付出，因为这才是爱。童话般的恋情只是一些文学作品中人们美好的期许，现实才是我们真正需要面对的，如果不能接受家庭中的一些不公平，那么，爱情很可能会变成死灰。

晴子时常对朋友抱怨老公的不是。例如，她明明很用心地为老公做红烧肉，他却说不好吃，还不如萝卜白菜更有味道；晴子想跟他说说话，释放一下工作上的压力，可他却嫌烦，觉得她没有肚量，结果给自己惹一身的不痛快；因为情人节晴子想让老公为她准备玫瑰花和巧克力，他却说，买什么买，又费钱又没用……这样的“不公平”，别说接受，晴子甚至觉得都忍无可忍了！

“我人长得漂亮，他一副歪瓜裂枣的长相，对这个家我付出的也比他多，凭什么他现在对我爱搭不理，还说我是黄脸婆？恋爱的时候可不是现在这样！”晴子总是觉得爱人对自己的关注越来越少，并且总以她心目中最理想的条件作衡量，觉得自己牺牲了那么多爱人却没有“感恩戴德”。更令人气愤的是，老公有时甚至无动于衷，这对她来说好像太不公平了！于是，晴子变成了生活在回忆中的怨妇。她动不动就拿现在跟过去比，拿婚姻跟热恋比。那时候，她无论任何节日都能收到玫瑰花，享受同事和朋友羡慕的目光；有点头疼脑热老公就急着带她去医院，对她照顾得无微不至；每个月一起去游玩，带晴子吃她最爱吃的东西……那时候，爱情至高无上，无论多么蛮横不讲理，爱人对晴子都是俯首帖耳，像伺候女王一样。当感情稳定下来，尤其是结婚以后，尽管晴子还是那么漂亮，但是，他对她真的是“毫不在意”了。骄傲的女王从高高在上变成低低在下，这种不公平让晴子寝食难安，快乐指数极度下滑。

其实，生活里的“不公平”事件比这多得多。但毫无例外的是，当我们遭遇这些境遇的时候，我们的第一反应肯定是生气，继而大发雷霆，随后兵刃相见，直到某一方战胜对方才善罢甘休。夫妻之间难道真要争出个高低才肯罢休吗？那是因为，我们在爱着的时候就会视对方如生命一般，所以，爱意浓浓；而发生矛盾时，把对方看成了敌人，那一刻，所有积累的爱就会在瞬间烟消云散。

有些女子之所以能够博得众人的喜爱，那是因为她的优雅乐观，这样的人必定是乐于去爱和奉献的人。两者看似不相干，实则联系密切。一个斤斤计较的女子，怎么能得到男人宽广的爱慕？偏激的语言，不理智的行为，脑袋里整天转悠的都是“为什么他不能再对我好一点”的女子，很难有时间去增长自己的智慧和魅力，让自己时刻散发诱人的魔力，也就更别说让男人为自己甘心情愿付出他们的感情了。

如果你不希望自己的婚姻生活里充满矛盾和困惑，首先，第一件事就是重新审视何为“公平”，何为“不公平”。想要客观，就必须先将个人偏见放到一边，多站在对方角度想一想。“每次我都记得他的生日，所以我对他比他对我好。”听起来这话无可厚非，但我们忽略了：生活中，我们不要因为某一件小事，来给对方下一个规律性的结论，这是错误的。当你抱怨他不愿意跟你多说话，却没有想想自己每天都为同一件事反复纠缠，絮絮叨叨；当你觉得他不再时常赞美你，你却忘记了在你生病时，是谁陪在你的身边；当你责怪他不帮你分担家务时，你却忘记了是谁让你们的存款数字变得越来越多，他的打拼是有多么的不易。

有时候我们经常只把注意力集中在自己身上，却看不到对方的付出，你越发吝惜自己的牺牲，就越觉得你在家庭中得不到任何回馈。久而久之，你变得自私自利，想得到更多却得到的越少，最后只剩下抱怨伴你左右。想改变这种每况愈下的状态，我们不妨偶尔拿起笔，每天做一些简单的记录，仔细记住他的优点以及他为家庭所做的每一件小事。你会惊诧地发现，这张纸很快就会被写得慢慢的，他其实为这个家和你做了很多事情，那些事情只是因为你习以为常而忽视掉了。

生活是现实的。当我们在爱里学会接纳不公平和不完美时，我们才有得到幸福的可能。当我们觉得别人不完美，往往是因为自己可能做得更不好。女人好到极致，男人坏到无法弥补，这怎么可能？每个人都有自己的生活空间，你爱上他完美的同时也要接受他所有的缺点。当遇到感情问题时，你要先考虑“我怎么了”，而不是“他怎么了”。唯有自省才能控制厌倦与挑剔，让自己成为一个积极乐观的人。

尽管爱里有这样那样的不公平，只要我们怀着一颗包容宽大的心，就一定可以找到彼此的默契，从而拥有更美好的婚姻生活。那么，这时你一定会问，究竟我能为他做些什么？究竟怎样才能更好地保护好属于我们的爱情，拥有幸福的婚姻？下面就列出几件你在面对心理不平衡时必须做的事情，只要你能做到以下三点，相信过不了多长时间你就会发现自己身边的改变。

①尊重——你的小任性可以在关起门的时候要要，因为这也是增进感情的一种手段；但出门后，在大庭广众之下，你一定要给足老公面子，涉及对他的不满千万不要在外人面前提起。

②沟通——同步成长非常重要。曾经看过一篇杂文，其中的观点个人非常赞同，婚姻不是亲情，不是恋情，而是一种过命的交情。

③保持自我——保留自己的特质，不要让婚姻散去原本属于自己的味道。拥有个人的交际圈，永远对自己的未来有规划，千万不要因为省钱，而在吃穿上打了折扣；有句老话是这样说的，女人有三丑：好吃、懒做、爱打扮，其中懒做是不可取的，但剩下的两“丑”，是万万不能丢的。

适当的危机感更加深爱

当两人陷入恋爱时，总有人在说“爱你到永远”，又有另外的一些人在问“永远到底有多远”。在爱情的发展变化里，两人之间的相处可能越来越好，感情随着时间的沉淀而越来越深；也可能彼此之间越来越冷淡和厌恶，在抱怨和不满中将就着过日子；甚至还可能反目成仇、劳燕分飞。这就需要恋爱的双方不断地为这份感情加分，让它保值升值，方能推动两人的爱情朝着良性方向发展。

有一位妻子深有感触地说起自己的婚姻。从结婚的第一天开始，丈夫总是习惯于对她说：“你快去做饭吧，我已经饿了。”等她辛辛苦苦将做出来的饭菜端上桌时，丈夫不是挑剔她炒菜的手艺，就是嫌弃菜肴的搭配不合理。妻子觉得很委屈，但从小在母亲那儿受过的传统美德教育让她没有争辩，而是暗下决心：下次争取做得更好。这样持续了近半年。有一天，当丈夫又提出要她去做饭的要求时，妻子突然大声质问：“为什么不是你去做饭？”丈夫很吃惊。接着，他们发生了争吵，而且冷战了一个星期。后来，他们有了一个约定：谁先到家，谁去做饭。妻子单位离家近，事实上，妻子做饭仍然是大多数，不过，从这以后，丈夫的挑剔就少多了。妻子说：“其实，做两个人的饭也不是什么特别重的活儿，我只是让他知道做饭不是我的职责，他也应该负责。他如果不能去尽职，至少不该抱怨，我保护了我自己。”

可见，在婚姻中当大家已经习惯一种模式时，要改变它是很困难的，有时候，模式的改变还会给当事人带来伤害。但是，如果不能改变这种没有界线的模式，它带来的将会是更长久的伤害。婚姻本身是有惰性的，杜绝婚姻的惰性，必须给对方一点危机感。比方说当一个人和另一个人说："给我一些时间。"那么在那段时间里，另一个人的每一刻都要好好表现。正因为每一天都充满危机感的不确定性，所以，每次离别都像是分手，每次见面都会让人觉得无比幸福。

小舒大专毕业就走上了社会，刚毕业那会儿还是个小女孩的心态，整天疯狂地工作，疯狂地逛街，疯狂地购物。可是自从结婚后，就变得收敛了许多，用她的话说："老公是研究生，我有危机感啊。"小舒所谓的"危机"，其实是害怕在学历上与男友的差距，唯恐将来"没有共同语言"。于是，她放弃了疯狂购物的嗜好，腾出很多时间，报考了专升本的补习班，"升了本科后我还要考研。"这是小舒当初的誓言。

小舒的丈夫却是书生气质，言谈举止中没有丝毫傲气，从来没有让小舒感觉彼此之间有多大的差距。但小舒还是坚持自己的观点，乐此不疲地学习着。日子顺风顺水，小舒的"学业"却丝毫没有长进。"也许是毕业太久了，根本就看不进书，挂科挂了好几次，补考费也没少交。"朋友们劝她，你们都结婚了，你干嘛还这么折腾？看你们现在的感情不是很好吗？干嘛还去弥补彼此学历上的差距啊？可是小舒死活不干。她说："他也说过让我别再考了的话，他说他根本不在乎这些。可我不，我觉得爱情就应该是双方平等的，虽然在一起生活了几年后，我也感觉到大专生和研究生的学历并不是感情的障碍，但我还是想通过自己的努力能够赶上他。"小舒说，现在他们家晚上的情景经常是：他在电脑前写文章，听音乐；她在书房里埋头苦学，遇到难题，就会向他请教；他常常会悄悄地削一个苹果放在她的书桌上，以示鼓励。

其实只有给对方危机感的情况下，对方才会用自己的"追赶"表达着自己的爱。婚后的你，有没有因为"反正有人要了"而疏于外表形象的管理？有没有想过自己正变得越来越唠叨、越来越邋遢、越来越庸俗，再也不像青春年少时那样单纯明媚、保持着对生活旺盛的热情和好奇？

不妨给你的伴侣增添一点危机感，这无疑是一种婚姻的保鲜剂，通过这种“保鲜剂”，夫妻双方一定会更懂得如何去捍卫自己的婚姻，更懂得如何给婚姻生活补充和添加新鲜的营养。

可是制造危机要适当，不要让危机感太大，持续的期限太长，否则会让对方承受不起而选择离开。因为，在婚姻中安全感和危机感是相辅相成的。所以，危机感就像一只风筝，要收缩自如。给对方一点酸的同时，也不要忘了给他一点甜。有时和你的伴侣保持距离，是为了让他能够品尝到思念的滋味。过于紧密的关系并不利于婚姻的发展，它会让婚姻过早地步入疲劳期，减短寿命。适当地保持距离，不仅能体会到当初那种怦然心动的感觉，对婚姻也起保鲜作用。此外，危机感还来源于很多方面，如你的学历、谈吐、性格、修养、魅力、经验，等等。

当你的婚姻因为危机感而产生了华丽的美感时，感谢自己吧！适度的危机感是一种恰到好处的提醒，提醒你的另一半应该多重视你一点，多爱你一点。这难道不正中你的下怀吗？

第六辑　做个“旺夫”女人

一个女人是否受男人的欢迎，这取决一个女人是否有精明的头脑。如果懂得去经营一个男人，那么这个女人就等于征服了世界。

为婚姻做个理财规划

恋爱的时候我们可以只谈感情，但是，真的到了结婚这一步，很多现实的问题我们无法逃避。经济问题就成为婚姻日程中一个重要的事项，尽管很多人不是一律向“钱”看，但至少也要为自己日后的生活精打细算，也希望过上更富足和无忧无虑的生活。现在很流行一句网络俗语：“钱不是万能的，但没有钱是万万不能的。”这话一点都没错。在这个物质生活越来越优越的社会，想做点什么都离不开钱。如果一家子总是在需要用钱的时候才发现家里已经入不敷出，那一定觉得生活比别人过得艰辛。由此看来，一家人要想生活得更加无忧，很重要的一步就是要做好财富规划，只有在该用钱的时候不愁缺钱花，只有让自己家庭的小金库充盈起来，才能最大限度地保持家庭的稳固和平衡，才能在未来的婚姻生活中少一些争吵和困惑，多一份保障和安宁。

离开物质的爱情在现实的世界里少之又少。或许，你在追求女友时捧出的大束鲜花还需要妈妈的赞助；或许，你在为男友准备精心的生日礼物时还需要爸爸的扶持。但是，结婚后，无论你们是住在高档小区的别致公寓里，还是蜷在晚上上楼都没有灯光的简陋板楼中，这些都是你们自己为自己创造的。可是怎样在保持生活高品质的同时，还能不当“月光族”，让生活日益富裕起来，这些是所有小夫妻必须学习，并且好好掌握的一门学问。

不过很多小夫妻会这样想：“刚刚结婚，两个人的资产几乎归零，理什么财啊。”其实，理财的对象不仅是针对现有收入资产的配置，还包括以前的和将来的规划。比如，何时能拥有属于你们的车、房；比如，你们是否也能投入股票基金，赚取更多的额外收入，等等。只要心往一处想，钱往一处聚，家庭财富得到很快增长就不是梦想。

结婚证明着男女双方的成熟，意味着昔日的孩子独立于这个社会。对于财富的规划不但让小两口对家庭更有责任感，更让他们懂得并学会运用一些必要的理财手段来稳定和壮大自己的家庭积蓄，增加小家庭自身的抗风险能力。

艾明和张瑶是“80后”的典型代表。自从他们结婚后，双方家长不管从财政支持，还是生活方面都依然对他们照顾有加，于是这小两口踏入了真正的“月光啃老族”行列。有一次朋友聚会，张瑶听朋友说起他们家的财政计划，这样一算，二十年后朋友的钱比自己家多出几倍，这时她心里开始痒痒的。晚上，张瑶坐在电脑桌前，仔细算了一下，明明两人每月工资几千块，日子虽然过得还算滋润，但是，父母经常还要贴补他们，信用卡每个月还需要还最低还款额，很多时候和丈夫总是把钱花到很多没用的地方。他们消费也没有计划性，两个人每到月底还不得不回到双方的老人家里蹭吃蹭喝。之前，张瑶一直觉得钱无缘无故地就不明去向是因为两人挣得少。可是，朋友夫妇也是同样的工资水平，日子却过得比自己还滋润殷实，甚至现在就已经有了属于自己的积蓄。通过这次沟通，她才知道原来朋友是靠合理的理财，让他们生活得很富足，也让钱生更多的钱！

张瑶仔细回想了一下，艾明婚前还有10万元的个人存款。她决定将这些钱进行合理利用，因为不用买房、买车，张瑶筹划几天后，和艾明商量了一下，他们就决定拿出其中5万元用于储蓄，2万元用于购买国债、央行票据等低风险的理财产品，1万元购买了商业保险，剩下的2万元作为日常的流动资金使用。此外，两个人在交完各自保险、公积金后每月还有8000元左右的薪水，除去必需的生活费用，每月余下的3000元一半用于基金定投，一半存入银行。就这样张瑶很认真地制定了家庭的财政计划。

关于理财，张瑶选用的方式是存款加投资。首先，为保证不受生活中突然变动的影响，他们建立了一个应急活期账户，将每月收入的四分之一投到了应急账户里。此外，使用银行卡来执行家庭理财是必要手段，而且尽量要选择一家银行，便于管理是选择一家银行的最大好处，当你们的家庭存款达到一定数额时，银行还会提供贵宾服务给你们享受。在家庭资产不断增加的同时，投资项目也得到了丰富，有存款、有股票，还有黄金、期货等，多配置几种，在规避一些风险的同时，也能得到很高的收益。如此一来，一个理财计划就比较完善了。

新婚夫妇的出身各不相同，双方家庭背景、生活习惯的不同，造成了以自我为中心的生活方式。婚前你侬我侬的时候，财务问题可能并不尖锐，可是成为一家人以后，家庭生活中方方面面与钱打交道的机会多了，如若不能妥善应对，摩擦也会接踵而至。

在心理医生看来，造成家庭矛盾的根源之一就包括金钱。有些夫妻感情在婚姻一开始都非常牢固，然而，随着时间的推移，因为一些经济问题伤害到了原本深厚的情感，之后便可能发现双方都已身陷债务之中，储蓄少得可怜。此时，彼此之间难免出现埋怨、指责等情况。

要想让问题得到解决，首先，新婚夫妻要调整好心态，把个人生活状态调整到“家庭”生活状态里来，有了“我们”这样一个概念，夫妻双方在遇到财务问题时就不会光考虑自己的利益了，而是更加容易从大局出发，体谅和理解对方。其次，理财要考虑到以下几个方面，量入为出，对症下药。

①保险规划，其实就是较早地防范家庭成员一旦出现意外、重大疾病，或者家庭财务状况发生较大变故，需要大量的财务开支，而造成家庭生活水准的下降，通过保险这一避险工具来规避和转嫁经济生活中的风险。

②买房、买车也同样需要提早进入理财规划。在什么阶段拥有一辆自己心仪已久的家庭代步用车呢？打算什么时间要孩子？理财更是如此，有了具体的目标，才可能制定出有针对性的规划方案。

③家庭理财也必须结合家庭的风险承受能力和个人的风险偏好选择恰当的投资风格。

成长型：特征——投资期限短、风险高；产品选择：股票、股票型基金等。

稳健型：特征——收益高、风险低。产品选择：混合型基金、银行“申购新股”产品以及目前各银行推出的理财产品等。

保守型：特征——收益固定无风险，但时间较长。产品选择：人民币理财产品、信托、国债等。

流动型：特征——利息高于活期、T+1支取。产品选择：货币基金、1天通知存款等。

在实际投资理财活动中，每个家庭要根据自己的情况和风险偏好的不同，就市场行情，选择不同的投资组合。

④最少要留足家庭3~6个月日常开支所需金额，可以选择银行存款、货币型基金等变现能力较强的投资方式，以备不时之需。

做一份比较切实的经济规划是每对夫妻都需要完成的婚姻中的一项重要任务。据某大学的一项研究表明，如果因为钱财问题导致夫妻之间经常争吵，那么这样的夫妻离婚的几率是相当高的。然而，事实上，你和你的爱人如果理财得当的话，你们之间的感情也会因此而增进。如果你和你的爱人在处理财政问题上能进行有效的团队合作，那你们的关系必将更进一步。

理财固然是为了生财，但理财的根本目的不只单单为了赚钱。它的真正意义在于，合理地分配资产，让自己有科学的消费观，在拥有同样多资源的基础上，获得更多享受优越生活的机会，通过合理地利用固有的财富，让我们提前达成各种生活目标，保障一生生活的自由、自主和自在。只要我们真正做到了以上几点，才能切实有效地保证我们的婚姻生活趋于稳固，永远都不会因为钱的事情而伤了和气。

家庭理财，不可盲目

很多人对婚姻中的理财或者是还不了解，或者很盲目，这些都是理财方面的弱点。盲目冲动、斤斤计较、随波逐流、突击消费的事时有发生。想要理财成功，首先就要认识理财有哪些误区：

1. 认为钱少没法投资

小财更要理。刚结完婚的年轻夫妇，积蓄不多，觉得理财这个问题离自己似乎还很遥远，就那么点钱有啥可理的。努力赚钱，不乱花钱，有钱就存银行，这是大多数人对于理财的认识。其实，不论钱多钱少都需要理财，特别是钱少的时候更需要理财。

小尤和小孙是大学同学，都刚结完婚。小尤在上海工作，月薪平均7000元，小尤是租房，每月需交2200元房租。小孙与小尤情况差不多，但是小孙已经拥有两室一厅的房子两套。而这完全取决于小孙的理财观念。

他先是在工作之初省了一些钱，按揭了一套小平米的房子，然后他自己住一室，把剩下的一室一厅都租了出去。这就叫以房养房。不久，他又用存款买了一套按揭房，又是用同样的方法来养房子。于是，工资与小尤差不多的小孙已经有了两套房子了，可是小尤却还在租房子住。

理财不论穷富，钱少的时候更需要打理，理财理得好，往往会收到事半功倍的效果，提前让你实现财务自由化。

2. 埋头储蓄

“钱多了，就代表理财效果有了。”一些人认为，理财不可靠，存钱才是王道。牛先生经营自家小店十几年，辛苦赚的钱多数存在银行，他从来没想过购买什么理财产品。

把钱全以储蓄存款的方式存入银行来理财是不合理的。如果遇见通货膨胀，那么银行里的钱就会贬值，客户必须要提高投资收益才能抵御通胀，所以专业理财方案和合理的资产配置才能为理财加分。

3．只买不理

小唐在一家外企上班，一个月工资有15000元。因为工作忙的缘故，关于理财，她一直坚信长期投资的理念，因为她是“有闲钱没时间”。她做过股票投资等不少理财产品，但都没有得到什么收益。

长期投资其实并不代表对某一产品进行长时间的投资，而是投资者应养成长期对不同产品进行投资的习惯。理财也要跟上时代的步伐，不同时期，投资方向都要有所转变。有时候也可以选择一些短期产品。

4．为了理财而理财

为了能够拥有更多的财富而拼命地工作、拼命地赚钱，却不知道积累财富的意义何在，这种生活方式是自己成了金钱的奴隶，而不是金钱的主人。

也许在五年前，“理财”对大部分人来说还是个稍显生涩的词语。但在经历中国理财市场这几年间的爆发式增长后，“理财”的观念可以说是深入人心了。然而，从对理财漠不关心，到现在不知不觉中有些人却又走入了一个新的误区，那就是为了理财而理财，每日每夜为钱财奔波劳碌不能自拔，却忽视了理财的根本要义是让生活更加美好。理财固然是为了生财，但这并不等于说，这便是理财的根本目的。财富对于每个人、每个家庭的重要性自然毋庸置疑，但培根曾经说过：“金钱好比肥料，如不散入田中，本身并无用处。”尽管坐拥大笔财富，却不知如何使用它，不知如何用财富让自己的生活更加完美，为了理财而理财，这不能不说是一种新的误区。

那么理财的要义究竟是什么？理财的目的并不是财富越多越好，数字的堆积除了给我们带来一种所谓的“安全感”之外，并没有太大的意义。真正的要义在于在拥有同样多资源的基础上，运用理财这种工具，让我们获得更多享受生活的机会。比如通过积极的理财投资，让我们的储蓄获得更高的保值增值效果，确保我们在今后丧失收入能力后仍然能够保持较高的生活水平；比如通过合理地分配财富，让我们提前达成各种生活的目标，保障这一生中优越的生活。

5. 只要赚得多，理不理财无所谓

当下高收入群体中也存在着大量不会理财、不愿理财的人士。大部分人都抱着的观点就是：反正我挣得多，即便大手大脚地消费都花不完，何苦还难为自己制定理财规划呢？这样的家庭往往已经不用为买房、买车、结婚等高开销项目发愁，但需要注意的是，当下挣得多并不代表一辈子挣得多。特别是许多经商的群体，也许生意好的时候可以赚个盆满钵满，但不能忽略其存在的不稳定性。也许现在挣得多，那么十年后呢？二十年后乃至退休后呢？是否能依然保持目前的生活品质？因此，资产管理也讲究可持续发展，而理财则是最有效的方法。

6. 盲目投资无主见，躲不开的“羊群效应”

投资没有主见，盲目听别人的话，跟随别人的投资行为，导致选择了不适合自己的投资方式或投资产品。很多新手尚未掌握基本投资知识就急于开始投资，并对周围一些获得较好收益的投资者、专业证券机构存在“崇拜心理”，导致他们在进行投资决策时都出现了仅听别人推荐就购买某只股票或追随大多数人购买同一只股票的情况。即便是一些老股民，也会出现从众心理，或者以小道消息为投资风向标，结果遭遇惨跌。

片面追求“快速致富”，片面追求“短高快”，是很多个人投资者的通病。

我们必须明白，任何投资行为都存在一定的风险，投资者只有在了解自己、了解市场的基础上作出适合自己的投资决策，才是对自己负责任的表现。任何盲目听从他人意见或“随大流”的行为，非但不能降低投资风险，反而容易给自己的投资带来更大的损失。

轻易听从他人意见、盲目跟随市场热点，也是投资者对自己的判断、决策能力缺乏自信的表现。要想树立自己对投资决策能力的自信，投资者就必须学习并掌握相关股票、基金、债券和保险等投资理财知识。

同时，平时也要多关注国际国内的重大政治、经济事件，多和周围朋友沟通一些投资技巧，而非直接跟随他人的投资动作。学习和吸取别人身上的一些经验教训，做到过滤后为我所用，形成适合自己的投资风格，配置适合自己家庭资产状况和风险承受度的投资品种，而不要和别人去盲目攀比。

7．消费时喜欢买有优惠的商品

在消费时，很多人为获得一些额外的赠品或优惠，都愿意积极参与，其实付出的常常是更大的代价。

小溪去商场购物，用自己的信用卡在百货公司购物，每消费满1000元就有礼品送，买的越多送的越多。前几天小溪已经去过一次了，赠品是一套床上用品，但是她还想要一套小型储物盒。

小溪觉得这样很省钱，平时自己买套床上用品少则几十元，多则几百、几千元，这次百货公司送的可是名牌，不就等于省了很多钱嘛。于是，小溪为了得到赠品，要先消费满一定的数额。她的名牌床上用品是消费3000元后获得的，如果想要那套精美的小型储物盒，就必须再消费满2000元。由于一些商品不参加此次活动，例如化妆品、家用电器等，其实小溪的选择范围很小，基本局限在服饰、鞋帽方面。就像她第一次买的商品一样，大部分是服饰，虽然衣服已经很多了，但是想想衣服总是要穿的。虽然有些衣服，小溪自己不是很中意，但是为了凑够金额，还是买了。

这么一来，小溪为了得到赠品包括一套名牌的床上用品和一套储物盒（估计总价值最多不会超过800元），她必须消费满5000元。在实际生活中，我们很少有如此精准的消费，一般都会超支一些。可见，为了这几百元的赠品，我们起码要花上5倍甚至更多的钱，这样的买卖到底是否划算呢？

有的时候消费、购物总会需要一些冲动，但不能太多，过多就可能失策。面对商场、银行推出的优惠活动，我们应该先算算性价比如何。

平日最常见的是消费打折、价格直减的形式，过年过节时优惠幅度会很大。这时候我们不妨先问问自己商品是否实用，是不是已经有同类商品了？不然买回家“晾”着也是一种浪费。

总之，省钱之道并非买了便宜的商品、享受到折扣优惠，或是获得难得的礼品，而是把钱花在真正实用的地方，尽可能多地满足实际需求。

在婚姻理财中只有避开误区，才能看清理财的本质，才能使理财成为婚姻的保障。

有事业，还要兼顾家庭

每一个成功男人的背后都有一个好女人，而每一个成功女人的背后都会面临一个艰难的抉择。

对于大多数家庭来说，家庭是事业的后盾。古人云“修身、齐家、治国”，将“齐家”放在“治国”之前，意思很明确，你要做一番大事业、成就大功名，就得先齐家。一个人若是连家也打理不好，那么他何以出去治国平天下？有一份好的工作并不代表一个人的婚姻也同样成功，可是如果一个人没有和谐美满的婚姻，那么他在事业上也不会出色。如果你想生活得幸福美满，安心在事业上发展，一定要有一个美好的家庭。家庭会给你安全感和温暖，家庭是一个能让你心灵休息的地方。家庭幸福才是成功的保障，但是切记，幸福是靠自己营造出来的。

现在许多朋友总是感叹自己的婚姻不尽如人意，但这恰恰是每个人必修的一门课程，如何化烦琐为简单，化痛苦为快乐，化干戈为玉帛，化冷漠为热情，这是一门艺术，我们的事业也依靠这门艺术作为推动力。

车模美女在F1车坛并不少见，这些人和车手传出过很多绯闻，车王舒马赫却与绯闻绝缘，他之所以能跻身车王行列，完全归功于他有一个幸福的家庭。

费斯切拉是位意大利籍车手，他就是个彻底的“顾家男人”。每次比赛前，只要妻子鲁娜的声音传到他耳边，他就能将一切紧张抛在脑后。在一次澳大利亚站比赛结束后，第二次取得个人分站赛冠军的他没有参加车队的庆祝酒会，而是立即赶回千里之外的意大利罗马，看望生病的儿子。

因此，他错过了到马来西亚适应场地的机会。但他并不后悔：“只有看到儿子健康，我才能全心投入比赛。”

F1史上最年轻的拿分车手要属英国车手巴顿了，他是最受英国女性欢迎的钻石王老五。自从他与主持人露易斯邂逅之后，也和一切绯闻绝缘了，专心构建他和露易斯的爱情城堡，不久他们正式订婚了。巴顿的赛车成绩一路飙升，完全归功于未婚妻的激励。所以，他现在成为了目前F1车坛最炙手可热的新星。

家庭对一个人事业上的帮助从上面的事例中可见一斑。那么为什么家庭对一个人的事业有这么大的帮助呢？家庭是享受天伦之乐的天堂，是身心疲惫与烦恼时休闲与开心的圣地，是暴风雨来临时的安全港湾。常言道：“金窝银窝不如自家的小窝。”在家自由自在，不用看别人脸色，妻子和丈夫的互相关怀，让你无限感动，在家的感觉真好。家庭是事业的后盾和动力，你在事业上遇到的压力和困难有你的另一半帮你分担，那么，压力就不再那么沉重。如王家卫成功背后的女人陈以靳。自从她和王家卫结婚后，王家卫所有电影的出品人就由她来担任。在拍摄《旺角卡门》时，她遍访所有电影公司，希望老板投资这部电影。在王家卫成名后，代表香港最高水平的摄影杜可风、美术张叔平又受到了陈以靳的诚意邀请，至此，王家卫和他们组成“三剑客”。除了参与王家卫电影制作，陈以靳还常常能提出一些好的想法。熟悉王家卫的人都说，王家卫的成功完全归功于他的好妻子陈以靳。

家庭作为社会生活的基本单位，其重要性是事业所不能替代的，而且想要在事业上取得成功还要依托幸福的家庭为助力。

经济乃婚姻的羁绊

英国流传着一首民歌，内容是：小伙子必须在两个女子之间作出选择，一个美丽却贫穷，另一个富有却难看。小伙子选择了后者，但是以悲剧收场：两个人痛苦而死，有可能会是三个人。民歌的主旨是小伙子应该娶那个自己真正爱着的美丽的姑娘为妻。

民歌的中心思想很明确，以钱为结婚目的的婚姻是不会有好结果的，而选择前者则会不同，但在民歌中并没有具体表现出来。姑娘难看，但生下来嘴里就含了一把金钥匙。贫穷姑娘虽然美丽，也不能成为她赢得小伙子的理由，因为她的美貌也是天生的。她们两人都是从父母那里得到了自己的财富或者美貌。既然如此，为什么小伙子拒绝财富选择美貌就是高尚和可取的，而拒绝美貌选择财富就是低贱和卑劣的呢？

情感无疑是婚姻的基础条件，但绝非充分条件，就像林妹妹绝对不会嫁给樵夫一样。如果从经济入手来看待婚姻，很多人认为那一定会伤感情，但当人们越来越以经济为婚姻支柱时，经济是婚姻的保障这一观点也是不言自明了。

“经济基础决定上层建筑”的社会理论在婚姻上也同样可以套用，最常见的一句俗语“贫贱夫妻百事哀”说的就是这个道理。其余的各方面的都有，唯独没有经济基础的时候，家庭琐事所需要的钱就能成为感情不和的代名词。生活是多彩多姿的，这就决定了上层建筑也是丰富多样的，但它是建立在经济基础之上的。

有一位出身豪门、漂亮而又任性的姑娘，钟情于一位贫穷的青年画家。她的家人强烈地反对他们的结合，姑娘离家出走，坚决地搬进了青年的家。在画家阴暗潮湿的小屋里，青年怀着对姑娘深深的爱意，把她画在了自己的画上。可是，时间一天天过去，寒冷、饥饿使得姑娘日渐憔悴，从她嘴里吐出的那神圣的三个字，也越来越微弱。终于有一天，她在这冰冷的小屋里病倒了，姑娘于是不得已返回自己的家中。多年以后，青年跻身知名画家的行列。在他的画展上，那幅题为“我爱你”的画卷深深吸引了众人。这时，当年的那个姑娘已为人妻。一位贵妇站在那幅画前，久久不愿离去。当画家听说，有人愿出高价买下这幅画的时候，他虽然不假思索地拒绝了，但还是怀着好奇心，走过来看看意图买画之人。可以想象，这对儿当年的恋人，在肖像前重逢的情景：百感交集，久久凝视。

经济基础和上层建筑出现矛盾时，不要轻易而固执地选择上层建筑。也许你放弃“面包”而选择爱情时，你会什么也得不到。感情在婚姻中都得遵循经济规律，没有经济什么也无从谈起，在家庭的争吵中没有一件归根到底不是为了经济的。由此可见，经济有时就像是婚姻的拴马桩，婚姻的幸与不幸大都维系在上面。

当然这里的经济所指的不是一段婚姻需要多少钱，现实中不乏那些钱不多，但是小日子过得有滋有味的故事；也有夫妻二人财产很多，但是婚姻并不幸福的实例。婚姻当然离不开经济，经济是一个家庭的命脉，没有经济，幸福的生活无从谈起，那么婚姻的经济是什么？婚姻中的经济是指，一个家庭的收入来源、开销以及理财等。如同现代社会离不开电能一样，我们也离不开金钱，绝对离不开，如果你离开了你就是圣人，所以婚姻也在由原来的感情变成现在经济的门当户对。从马克思主义哲学发展到今天的历史来看，我们是得遵守，而且必须得遵守。

“旺夫”女人从不会逼迫老公

望夫成龙是每个女人的愿望，但如果不能实现，往往只会适得其反。我们不能按照自己的意愿去改造一个成熟的男人。聪明的女人应该知道丈夫想走什么路，并且支持他走下去，让他快乐地成功。

李菁的老公大学时学的专业是政治，大学毕业后，分配到扬州市政府某机关做秘书工作。两个人结婚后，李菁便开始忙着对丈夫进行全方位的打造和包装。从衣着、吃相、坐姿以及说话的语速、神态和手势都进行了严格的规定，而且每天必须练习书法和绘画一个小时。李菁的理论是将来丈夫如果走仕途，能书法会作画，一定可以帮助他增加风度，给领导留个好印象。

但李菁的老公是一个性格散淡的人，他在机关里并不着急升迁，一直过着很闲散的日子。李菁是一个事事不甘落在人后的女人，看不得老公不求上进的样子。

她发现自己的老公进入机关之后并没有像她期望的那样一路高升，于是她又开始着手让老公去转行。不知她从哪里听来一个叫“精算师”的职业，只要拥有资格证书，在保险公司就可获得百万年薪。

李菁认为这个机会不错，回来就劝老公改投门第去参加精算师考试。李青每天地念叨，谁能架得住啊，于是老公买来一大堆资料开始作起考前准备。

头几门考的都是统计概率方面的基础知识，选择题形式，李菁的老公很轻松就过关了。虽然离精算师资格还遥遥无期，但是，已被某大保险公

司录用做兼职，薪水比在机关可翻了好几番。

尝到甜头后，李菁把老公的后备工作都做好了，家里大小事务一手承包，就是为了能让老公考好后面的考试。

可是，此时李菁的老公已经心里清楚了，因为在他入行的这段时间发现了通往精算师的道路是多么曲折！考过十几门才能拿到准精算师资格证书，然后再经过若干门考试才能拿到真正意义上的精算师资格证，做到这样的人在当时全国只有一个。他自己英语差，考试内容中就有英语论述，对于他来说想考过，简直是天方夜谭。于是，他便委婉地和老婆商量："咱现在过得挺好，你就别让我浪费时间了，行不行？"

李菁眼一瞪："为什么不考？人家能考，你也能，一次不行，就多试几次，不是只要工夫深，铁杵磨成针吗？"

她老公叹口气："单位里有两类人，考试的人个个都跟那苦行僧一个模样，结果还不得而知；不参加考试的人，个个洒脱，人生就那么几十年，何必跟自己较劲呢？"

李菁反驳："有人是先甜后苦，有人却是先苦后甜，现在潇洒的那些人到以后只怕哭都哭不出来了。"老公无话可说，只好又埋头苦读英文。可是被迫地学习，终究是无用功。李菁和老公之间的话题，千篇一律都是复习得怎么样、进展如何、考试日期、报名……

很显然，李菁就是这种"夫荣妻贵"的女人，这样的女人虚荣心极强。此外，她们的依附心理也是很强的。为了满足自己的虚荣心，她们不惜牺牲丈夫的事业和生活来满足自己的愿望。当然，鼓励丈夫去奋斗无可厚非，但如果不分情况就胡乱给丈夫施加压力，"逼夫"只能会逼得他"造反"。

每个人都渴望成功。然而，李菁为了满足自己的虚荣心，一意孤行地改造丈夫，她的抱怨、斥骂和威逼只能让她收获葬送婚姻的结局，这样的教训在我们的生活中无时无刻不在发生着、重复着。

妻子分内的职责，就是帮助丈夫成为他想要成为的那种人。要做到这一点，不仅需要智慧，还需要理解和包容，不要拿他和别人胡乱比较，也

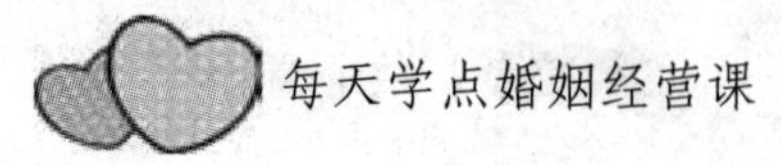

不要给他施加压力，你应该做的是多给他鼓励。

当妻子给予男人赞美时，几乎没有一个男人不会欢欣鼓舞的。

许多成功的男人，背后都有个智慧的伟大女人，这些女人是“望夫成龙”而不是“逼夫成龙”。

帕克斯先生是帕克斯货运公司的老板。他曾说:“我确信，一个男人不但可以实现自己的理想，而且还能成为他妻子理想中的那类人。妻子是鼓舞丈夫，还是逼迫她丈夫，可以决定一个男人在事业上的成或败。我就是最好的例证。在我们结婚之前，我妻子的家庭很富有，她想要什么都可以买，她也受过良好的教育，家庭氛围很好。我呢？穷小子一个，受教育也不多，除了强烈的成功欲望之外，我一无所有。我们婚后那几年是最艰难的，当我遭遇挫折时，她给了我理解和鼓励，这是我后来成功的重要动力。在我的生命中，如果说什么是最值得我炫耀的，我觉得是我的妻子。过去几年来，她身患疾病，但是疾病并没能剥夺她的快乐。即使生病了，她还是希望能帮到我。当我晚上回家的时候，她就会过来听我的工作汇报。我无时无刻不在向上帝祈祷，希望自己永远不要让她失望。”

不幸的是，像帕克斯太太那样有智慧的女人是不多见的，很多女人一心只想让丈夫满足自己的虚荣心，让丈夫成为她们理想中的那个人，从未站在丈夫的角度上去想问题。这种女人总是比吃比穿，她们的欲望就像是永远无法填满的无底洞，最后她们的丈夫只能放弃她们。

我们的未来，我们共同创造

尽管婚姻中的问题不断，尽管你们中间存在着一些分歧，但这并不能代表你们的生活是不和谐的。不管怎样，老公永远是你最忠诚的婚姻合伙人。要想让你们的感情更加亲密，要想让你们共同的理想成为现实，你们必须彼此团结，一同规划，形成统一战线。这时候的你已经不是仅仅代表着一个个体，而是代表着一个家庭。要想让你们的感情得以延续，两个人就要共同来承担为未来而努力的义务。这不单单是拥有大房子和名牌轿车的梦想，还是对两个人感情生活的一种维护。当心中的梦想一个一个成为了现实，夫妻双方的感情也因此变得更加稳固，这时候才发现原来彼此都成长了，都更深爱对方了。

唯美和馨香的爱情之花，绽放在真实的生活里同样芬芳，并且令人陶醉。但是，要想花儿常开不败，这就需要灿烂的阳光、充足的水分、丰裕的养料，而这些都是需要两人共同照顾和创造的。因此，除了情投意合之外，两人要拥有共同的理想，并且愿意为之努力，才能在这个美妙的花园中，收获属于自己的一片花海。

无论你在恋爱时受到他多少的“优待”，都一定要知道，你们不是王子和公主，除了缠绵的风花雪月，也要考虑过好你们的物质生活。家庭里的经济来源不是单方面的付出，非要如此的话，被“精心”呵护的一方很可能变成对方的玩偶，等玩够了的时候，一句“你什么都没付出过，凭什么……”就堂堂正正地将你扫地出门。因此，如果想让彼此间的爱情根深蒂固，生活水平能更上一层楼，就要全心全意为共同的爱情小城堡添砖加瓦。

在恋爱时，当男女彼此互表真情后，接下来要做的就是共同奋斗。在各自的事业中，各有所成，相互搀扶和鼓励，这种模式是最值得众多夫妻效仿的。如在一对夫妻中，丈夫是一位杰出的工程师，妻子是一位具有商科背景的优秀企业管理者，各自在专业领域发展，相辅相成，日后两人事业有成，羽毛丰满时，携手共同创业，打造在经济上更优越的婚姻生活。许多夫妇从年轻时起，就携手共创事业，编织美丽的梦想，全力以赴，终必卓然有成。

小小和方军在大学的时候就相识了，那时候两个人对未来就有了无限的畅想，方军经常对小小说："小小，咱们的感情是有未来的，将来咱们会有大房子，也会有自己的车，等咱们结婚以后，每年都可以到外面去旅行，去香港九龙购物，去法国看埃菲尔铁塔……"尽管小小觉得方军说的话有些不切实际，但是还是很愿意听。每当方军说起他们的未来，总能给小小带来无尽的遐想。

大学的生活美好却又短暂，转眼毕业悄悄地临近了。方军和小小都找到了工作，两人决定一起在这个举目无亲的城市打拼，并办理了结婚手续，简简单单请几个朋友吃了顿饭，就算把婚事办了。尽管寒酸了些，但两个人还是很幸福。

很快方军得到了晋升的机会，小小的工作也有了起色。经过一年的努力和节俭，他们有了5万元的积蓄，这时候方军乐观地对小小说："小小，看到了吗？我们已经有了一间房子的钱了。"听着方军对未来美好的期许，小小眼中充满了幸福的泪水，并暗自下决心，也要为实现他们恋爱时的梦想贡献自己的力量。

就这样日复一日，方军总是带给小小无限的希望，从靠着工资吃饭到通过投资理财赚取额外收入，账户存款的数目也越来越大，经过一段时间的思考，两人协商，毅然辞掉了工作，开始下海经商，尽管也遇到不少风浪，最终还是坚持了下来，公司的运行也日趋平稳。小小终于知道，原来方军的理想并不是虚无缥缈，大学时代的理想，就像预言一样一个又一个地实现了，这让她觉得无比幸福，整个生活充满了希望。

恋爱的时候，我们总是有着这样或那样的遐想，但是，将这些理想一一完成绝对不是动动嘴皮子就能办到的事情。它需要两个人彼此的坚定、彼此的支持和努力。小小和方军就做到了这一点，他们没有把曾经的规划当成是一纸空文，相反他们把自己当初说过的话深深埋藏在了心里，并为此勤恳拼搏。尽管几经风雨却百折不挠，最终将理想转化为现实。也许这就是爱情最真挚的表现，人们常说：“婚姻是需要经营的。”多少人认为幸福是自己人生的一种奢侈，却不知道，幸福就在他们身边，只不过他们在婚姻道路上丧失了对理想的忠诚和信心罢了。

常在一些情感杂文里看到这样一句话：“婚姻是爱情的坟墓。”其实不然，如果你懂得经营自己的感情，婚姻就会成为一个崭新的开始。婚姻同样也是让一对伴侣不断成长、不断成熟的过程。常言道：“患难之中见真情。”这句话放在婚姻生活上最为贴切。当两个人为了共同的心愿而心甘情愿挥洒他们的汗水和泪水时，他们一定会相依相偎，走得更加坚定。有位哲人说得好：“理想不等同于梦想，因为理想会指引人们付诸行动去实现它，梦想却仅仅停留在一个梦的基础上而已。”两个人如果想让自己的未来燃起希望之火，首先就要将自己的战略伙伴关系建立起来，将彼此的理想集中在一条战线上，并源源不断地为自己的家庭创造更多的物质财富和精神财富。

人生有时就应该是这样，对爱情生活的共同规划时刻牢记，不但让彼此觉得对方是自己忠实可靠的伙伴，也能让两个人更加甜蜜融洽，又可以收获牢固的信任以及互相扶持的动力，互相爱慕，觉得对方是真正值得终身相托的人，将爱情正常地向婚姻方向发展。不要因为单纯享受激情而忘记生活的真谛，也不要一味任性失去了将爱情升华的实际和基础。

爱情路上难免会遇到一些坎坷。在你们面前，也会有许多难以越过的关卡，但是，别忘记在恋爱萌芽的时候，你们一起许下那么多美好的愿望。用耐心和时间化解那些不必要的矛盾，用些时间为理想去积极筹备。当然，努力不是无限期盲目地傻卖力气，明知方向不对还要一股脑儿去做，将需要办好的事情在后边加上个“最后解决时间”，要将爱情规划得完美，克服其中的困难，也需要夫妻共同的智慧和默契的配合。

别让家务妨碍了爱情

爱情总是浪漫的，但浪漫的爱情一旦步入婚姻的殿堂，许多“现实”就摆在了面前：三餐总是要做的，碗总是要洗的，地板总是要拖的，孩子总是要带的……尤其是衣来伸手、饭来张口，在家娇生惯养久了的独生子女们，一旦结了婚，有了自己的家庭，很多事就要自己动手做了。于是，许多夫妻就有了“谁来做家务”的难题。

网友“指尖起舞”和老公是标准的“80后”小夫妻。她在博客中经常发表这样的博文，婚后还没多长时间，就总出现争吵，原因就是“这烦人的家务”。

“我们没结婚时，住在各自家里，谁都没做过家务。但自打步入婚姻生活后，每个周末我都要打扫家里卫生和洗衣服。从未做过家务的我，现在要挑起整个家庭的家务重担，这种转变，我难免会发些牢骚，但他根本就没有主动帮忙的意识。”

在传统社会里，男人赚钱养家，女人操持家务，所以有男主外女主内的分工。但是现代社会，男女平等，女人和男人一样要在职场打拼，再由女人负担全部家务，就有些不合适。好在现在真当甩手掌柜的男人倒也并不多，大家都已经认同了男女都有干家务义务的观念，只是在家务的分配上，总会出现矛盾和争执。柴米油盐的生活难免磕磕碰碰，什么问题都得找到解决的方法。

“最近你俩不再为谁干家务而吵架了？”听到朋友关切的询问，2008年年底才结婚的大军和蕙兰夫妻俩不好意思地回答：“不吵了，我们现在干家务都是抽签决定。”

看着朋友疑惑的样子，夫妻俩就给他们展示了一下自制的家务签。只见10多支木签放在一个易拉罐中，每支木签的宽柄处贴着洗菜、做饭、洗碗、扫地、洗衣服等纸条，内容几乎涵盖了所有家务。

2009年年初，这对原本“勤快”的小两口变得懒了。“我们俩都是独生子女，从来不干家务活。”小两口笑着说，起初对干家务活挺感兴趣的，常常两人争着干。“有时我多干点，我老公就有些不高兴，说我抢了他表现的机会。”然而过了那个新鲜期，小两口就开始为了这个事情争吵。“那时我俩谁都不愿干，又不好意思求助父母。”没过多久家里就乱七八糟的，“脏衣服、碗筷堆积如山……”

小两口觉得吵架伤感情还不能解决问题，就想了一个折中的办法——抽签。

“木签是我们吃肉串时攒下来的，在手柄处贴上纸条，‘家务签’就做成了。”这其中有两签是比较特别的，分别是“休息”签和“玩电脑”签。每天晚上，两人会将要干的家务一一列出，将家务所对应的木签放在易拉罐中，若是不能平均分配，则放入一支“废签”。“当其中一人抽到所谓的废签时，就意味着那个人可以少干一件家务活。不过若是放的废签为休息签，则意味着抽到的人当晚可以休息，什么家务活也不用干。”而提起“玩电脑”那支签，小两口都脸红了：“现在家里就一台电脑，所以总会出现争抢的情况，一旦发生这样的情况，我们就抽签决定，谁抽到谁玩。”

“以前为了做家务我们经常吵嘴，但自从有了‘家务签’后，我们的家不但变得干净整齐，而且我们的感情也和睦了许多，真是不错！”

夫妻俩在协商不好家务活由谁来做的情况下，抽签不失为一个解决的好方法。时下流行的“家务骰子”“家务AA制”都可以解决夫妻间因家务引起的矛盾。

家务活的分配方法还有很多种。如不以公平为原则，而是以喜好为原则。大家各自挑选各自喜欢做的、愿意做的家务活，比如爱琢磨厨艺的就去厨房里大展身手，喜欢家里一尘不染的就打扫房间。对于最后没人喜欢、没人愿意做的家务，看谁更不能忍受，谁就去做。

在双方都抽不出时间的情况下，还可以在条件允许的情况下请个钟点工或保姆。

生活中不可缺少的一部分就包括做家务。有时候我们会说“男女搭配，干活不累”，家务活亦可如此去做。空余时间，夫妻俩一起做家务，不计较干多干少，这样不但会给家庭带来温馨和情调，也会增进夫妻感情，有利于夫妻间的和睦相处。

有时候与其想方设法逃避家务产生矛盾，不如两人一起动手增进感情。

旺夫女人从不过分指责老公

为了给平淡如水的日子增添一点色彩，偶尔的争吵确实是一味很好的调料，但是，我们经常听到这样一句话：凡事都有一个度。婚姻中也是如此。和老公发生矛盾的时候，吵归吵，但女人们一定要掌握适度，不要过分指责老公，如果太过，不但不能“调味”，还会严重打击老公的自尊心，从而影响你们的婚姻。

雪琴和王平经过热恋后走进了婚姻的殿堂。雪琴脾气非常不好，芝麻大点的小事就能惹得她发脾气。不倒垃圾、开门用力、吃饭时嘴发出声音都能成为她发脾气的理由……因为两人都非常了解，每次发生争吵，老公便会被雪琴毫无顾忌地指责：“你说你有什么用，开门的时候用多大力气？说你多少回了，你看看把这门磕成什么样了？嫁给你我太后悔了……”指责的力度一次比一次大。

他们的生活在这样争吵中过了几年也没有出现任何的转机。现在他们也懒得吵架了，甚至都不说话了。如同死水一样的婚姻，失去了婚姻的本质。

婚姻就像一艘船，夫妻就是船上的水手，而夫妻吵架就像是天气的变化。天气变化并不可怕，怕的是我们掌控不好自己。要想让船顺利抵达幸福的彼岸，就得掌好舵，切莫让天气的变化毁坏了婚姻这艘船。

夫妻吵架的时候我们总会听到诸如此类的话：“你怎么那么没用，人家老张才进公司两年都已经坐到副总的位置了，你都混了那么多年了，连个主管都没混上……”“你说说你，连买个菜都不会挑，还能做什么啊……”“孩子成绩这么差还不都怪你，和你一样没用……”都说女人是

“刀子嘴豆腐心”，的确如此，当你不管不顾地对老公指责怒骂的时候，即使你平时的心有多么柔软，此时你的“刀子嘴”也已经深深地伤害了爱你的那个人。

清河的老婆是一个典型的“刀子嘴”，因为这，他们结婚20多年一直争吵不断。这一次闹得特别凶。本来早上两个人还好好的，就因为吃饭的时候清河不小心打碎了茶几上的花瓶。

一听见响声，清河的老婆就开骂了：“这个窝囊废，什么事都不会干，还天天找事儿，花瓶不是钱买的吗？你那么点儿工资够买几个花瓶啊？成事不足败事有余，整天就知道抽烟喝酒，混了这么多年就这么点出息，你还有脸活在这个世上吗？嫁给你真是倒霉……”清河反击：“不就一个破花瓶吗？至于说这么难听吗？我早就受够了，不想过了就离婚！”“离就离！”……

争吵的时候，有些女人的话是很伤老公的尊严的。既然觉得他一无是处，为什么当初你还会选择他呢？真的是你选错了吗？其实不是。女人在生气的时候毫无理智可言，满眼都是老公的缺点，优秀的一面都被火气蒙住了，之所以说出那么难听的话，也只是你想要老公变成你所责骂的相反的样子。所以冷静下来的时候，女人一定要好好反省自己，既然过分的指责换来的是不好的结局，还不如放宽胸怀，退一步海阔天空。也许换一种方式，换一种语气，更能收获你想要的结果。

争吵这种伤感情的不良举动，是每个家庭不愿看到却又不可避免的。任何对象都有可能成为争吵的题材，措辞语调由平缓转为恶毒的指责，争吵双方都以高分贝加以回应，并且拒绝沟通，久而久之，夫妻之间的感情受损，为离婚埋下伏笔。

每个男人都希望自己获得成功，能够在社会上打拼出一番属于自己的天地，不希望庸庸碌碌地过一辈子。丈夫成功与否关键一环还要看妻子，妻子应当全身心地帮助丈夫实现他的心愿。要做到这一点，不仅仅需要智慧，还需要宽容、理解和不盲目攀比，因此，你要时常给你的丈夫一些鼓励，做他最坚实的后盾。

遇事多商量，旺夫女人从不独断专行

很多女人在家里，大事小事都喜欢自己作决定，并且始终认为自己的任何决定都是对的，对家庭、对丈夫和孩子都是百利而无一害的。但是你有没有想过，一个完整的家庭不是只有你一个人，还有你的丈夫和孩子，他们也是这个家里的主人，在遇到任何事情的时候，主观意识不要太强，凡事都和家人多商量着去决定，只有大家都同意了，才不会产生矛盾，家庭也会更加和睦。

在雷霆的婚姻生活中，他和妻子从没红过一次脸，感情非常深，因此，他们家还多次被街道、区、市，乃至全国评为模范五好家庭。

雷霆说：“在恋爱时我除了送过她日记本、书之类的东西，结婚后我再也没有送过她任何礼物，妻子并没有因此而埋怨过我，因为她知道，家里不管是大事还是小事，我都会和她商量。家里需要买什么大的东西，当然要商量；逢年过节，走亲访友需要送什么礼物，要商量。如果遇到合身的衣服，并且价格合理，我就买回来；如果妻子认为价格太贵，她就会记住衣服的样式，我们一起去扯一段相同的面料，画好款式图给裁缝，让他依样缝制，几乎是花更少的钱，买到了我们喜欢的衣服。虽然我们的生活听起来很平淡，但我们自己觉得家里充满了温馨，挺美满的。”

商量，体现了你对对方的尊重和信任，可以让对方明白，你们是平等的，都是这个家的主人；商量，还能表达你对对方的欣赏和依赖，让他感觉，你离不开他，让他感觉到自身的价值和在你心目中的重要与珍贵。

凡事多和对方商量，即使想送老公礼物，也要问问他，想要什么，然后一起去挑，一起去买。买完之后，和他静静地坐在公园的一隅；或者找间茶室坐下来，品一杯香茗，回忆一路走来的美好。也许，少了一点意外惊喜，但同样是一种浪漫——一种宁静的浪漫、踏实的浪漫、成熟的浪漫！

刘大爷已经91岁高龄了，陈奶奶也已经80岁了，育有6个子女。60年的风雨历程，让他们的感情变得更加坚固，不管是做什么，两位老人总是形影不离。“我们在年轻时遭过很多罪，分合多次，现在生活水平提高了，我们年纪也大了，这好时光更要珍惜了。”陈奶奶会心地说道。

两位老人虽然年纪大了，但是身体都还算硬朗，而且性格也很开朗，和周围的邻居，无论年纪大小，两位老人都能与之和睦相处。在家里，老两口明确分工，陈奶奶由于腰腿不好的缘故，刘大爷就做扫地拖地这样的家务，而陈奶奶一手包办了炒菜做饭的家务。有一年，陈奶奶中风了，连床都下不了，子女虽然都来照顾她，但当时年近90岁的刘大爷才是最辛苦的人，他不但给陈奶奶端茶倒水，还成为了她的精神依托。为了让老伴能够重新站起来，刘大爷每天扶着陈奶奶在床边练习走路，一步一步，一天一天，现在陈奶奶已经可以自由地上下楼了，陈奶奶说：“如果没有老伴的鼓励和帮助，我身体哪能好得这么快。”

他们不仅在生活上相互扶持，而且他们的生活充满了情趣。每天早上，夫妻两人都早早起床，一起下楼去晨练，锻炼一个多小时后，再一起到市场去买菜。邻居们看到形影不离的老两口，总是交口称赞他们的幸福。而刘大爷和陈奶奶也常向人说，夫妻和睦之道其实也蛮简单，那就是大小事情都要商量。

在日常的生活中，夫妻之间有事情应该共同商量，闲暇的时候多聊天多沟通，会让彼此感受到对方的存在感，婚姻幸福的秘诀不过如此。如果什么事情都擅自决定，总是会引发各种各样的矛盾。夫妻是婚姻中共同存在的，也是平等的，任何事都商量着去做，不仅会达到事半功倍的效果，而且会在商量的过程中真实体会到彼此存在的重要性，从而让夫妻关系更加紧密，婚姻也更加幸福。

第七辑　家是生命的根

和谐的家庭生活，幸福、美满的婚姻生活，是每个人都渴望的。但如何去营造一个让世人羡慕的家庭呢?

家，并非讲理的地方

在经营家庭的过程中，发生争执是常有的事情，有的时候争吵就是夫妻之间的一种交流。很多时候，我们知道："家不是讲理的地方，而是讲情的地方。"这话说得非常到位。也许你刚刚和他步入婚姻的殿堂，也许你还没有学会怎样去经营婚后的感情，你们之间的磨合经常让你百般困惑，但你们还是在这条夫妻之路上行走得如此坚定。不要犹豫，你们还是相爱的，就算你们是一对小冤家，眼前也都成了一根绳上的蚂蚱，只有将这份感情经营得更加和谐，才能拥有真正的幸福。

当你们微笑着迈向了结婚的殿堂，希望自己的浪漫生活能够长久延续下去，却忘记了自己也要做好面对矛盾和隔阂的准备。毕竟两个人从小没有在一起长大，生活习惯不一样，成长经历不一样，对事物的看法也不一样。在恋爱的时候，我们也许会容忍对方一些不尽如人意的地方，但是当两个人朝朝暮暮生活在一起，那些杂七杂八的小事，也很有可能会引来一番两口子之间激烈的争吵。老人说："炒菜做饭，没有锅碗不碰瓢勺的。"夫妻之间磕磕绊绊是经常出现的事情，怕就怕两个人都较起真来，非要说出个谁对谁错，方可罢休。

其实，家真的不是讲理的地方，就算是自己错了我们也不愿意承认，有的时候吵架就是小两口的一种交流方式，将彼此的不快通通都说出来，免得都憋在心里难受。但是吵架以后，还是要正常地过日子，彼此给对方一个台阶下，事情过去也就过去了，不能揪着不放，总是翻旧账。有的时候，婚姻就像一个空盒子一样，你往进放的东西越多，得到的也就越多。

家不是一个讲理的地方——这句话听起来，似乎毫无道理可言，这句话却是至理，是多少夫妇在难解难分的是非混乱中，梳理出来的真理。虽然并不像我们想象中的那么惊天动地，但经历过的人都明白其中的道理。用感情这根鞋带，牢牢系住婚姻这双鞋，脚踏实地地走在人生的道路上，到达幸福的彼岸。鞋带难免有松的时候，就要靠两个人的双手来系紧它。所以，家庭生活中，沟通和聆听才是最好的交流方式。我想，婚姻的最高境界也同样是相互理解，互相默契。婚姻生活中，有一种感动叫相亲相爱，有一种感动叫相濡以沫。

孙晓和赵平认识已经有两年的时间了，两个人相处得还不错，于是在2009年的春天走进了婚姻的殿堂，过上了幸福滋润的小日子。

刚开始的时候生活还比较和谐，但慢慢地两个人都发现了对方的很多毛病。孙晓每天起来就习惯坐在大衣柜面前“相面”，一会儿看看这件衣服，一会儿试试那件衣服，然后还要化上一小时的妆。对于做饭炒菜这样的事情她总是躲得远远的，嘴上还振振有词:“这么脏，我可不干。”赵平呢？回来以后就把袜子衣服到处乱扔，然后慵懒地躺在床上，什么也不干，而且还有一个让孙晓难以忍受的坏习惯，就是他上完厕所后经常忘记冲马桶。就这样两个人经常为一点鸡毛蒜皮的小事吵架。赵平抱怨孙晓就知道臭美，自己回家连一口热乎饭都吃不上，孙晓怪罪赵平不讲卫生，把家里弄得到处都是脏兮兮的。就这样时间一长两个人争得谁也不让着谁，都觉得自己有理，感情也越来越不好。

一次赵平和孙晓又吵架了，两个人仍旧是互不相让，弄得赵平一气之下出去找朋友喝闷酒，孙晓一个人在家里对镜哭泣。万般无奈之下，她拨通了妈妈的电话诉苦。听了孙晓一连串的抱怨，妈妈劝慰她说:“孩子，家不是一个讲理的地方，你们需要的是彼此适应，相互改造。不是有句老话说得好，“过日子哪有勺子不碰着锅沿儿的”。当初我和你爸爸结婚的时候也没少吵架，但慢慢就彼此适应了。你们现在年轻，还是经历的太少，你们要学会彼此宽容和忍耐，才能安安生生地过日子。既然你已经嫁给了他，就要学会适应他，不要总过分地去与他争吵，时间一长会影响你们之间的感情……”听了妈妈的一番教诲，孙晓也耐心想了好几天，父母之所以能一起度过大半辈子，相扶到老，主要就在于他们彼此的包容和理解，妈妈说的很对，家真的不是一个讲理的地方。

就这样，孙晓开始学着适应赵平的一些习惯，赵平看到老婆不再和自己争吵，也自觉地开始发生改变，不再把衣服袜子到处扔了，也知道冲厕所了，每天回来还能吃上媳妇做的饭，两个人过得越来越和谐，争吵也慢慢削减下来。

俗话说：“家家有本难念的经。”很多人苦恼怎样才能保持家庭的和睦，做了很多努力还是不能避免争吵的发生。至此，随着时间的推移，夫妻之间感受不到彼此的温情，还有的夫妻更难以摆脱“七年之痒”这个魔咒，让期望中的家庭和睦逐渐变成了不堪重负的精神枷锁。

一加一等于二，这是连三岁孩子都知道的数学公理。在婚姻里，正确和正确相加，按常理来说，应该是百分之二百地正确，事实却不是这样。换而言之，对加对，对于琐碎家庭生活而言，就等于大错特错。家是讲爱、讲情、讲义的地方；家是讲宽容、理解和忍让的地方；所以，家不是讲理的地方。居家过日子，有情有爱，才是幸福的港湾，才是美丽的花园，你与他的关系才会更亲密、更美好。

嫁人就是嫁给一个家庭

女人在嫁给一个男人的同时，也代表了嫁给一个家庭。从步入婚姻后，女人们就会慢慢感悟到“嫁人就是嫁给一个家庭”的意义。你嫁入老公家的同时，他的家庭是你必须接受和习惯的。因为他们是你爱人的父母，没有他们就没有你的爱人，这一点看似简单，但是，认识并做到这点远远没那么简单。

电视剧《新结婚时代》中的女主角顾小西的妈妈说过这样一句话：“婚姻绝不是两个人的事情，嫁给一个人就是嫁给一种生活方式，嫁给这个人所有社会关系的总和。”这句话直接揭露出婚姻生活中所要面临的最实际的问题，选择嫁给他，就是选择嫁给了一个家庭。

剧中的小西和建国彼此相爱，最后还是没能挽救他们失败的婚姻。查找谋杀他们婚姻的“凶手”时，竟发现“凶手”其实就是两个人从小生活环境和文化背景的差异，这些差异直接导致他们在婚姻生活中常常因为不同的观念发生争吵，久而久之矛盾变得不可调和，最后，他们的婚姻也就到了无法挽回的地步。

如果我们单纯地站在某一方的角度上看，他们的行为都存在其合理性，但两人带着各自家庭的差异走到一起，其中肯定有难以消除的隔膜。这时，“门当户对”的这句老话就会让我们觉得有些道理。

光靠两个人的爱情不能足以让婚姻幸福，妥协、宽容和包容才是婚姻幸福的本质。无论嫁娶，接受一个人之前，就要考虑好对方的家庭差异你是否可以接受得了。

年轻人结婚后，当初恋的激情褪去，还原生活本来面目时就会发现，从小生长的环境和习惯，早已融入我们的思想和身体中，就连吃口饭这样的小事，也和各自的家庭背景有极大的关系。如果两家的差异很大，彼此都很难理解对方和对方的家人以及他们为人处世的方式。

许多人忽略了对方的需求，满眼只是自己的需要和爱好，而从小在家娇生惯养的人更是如此。

雪莉和磊谈恋爱有半年左右的时候，磊正式带雪莉回家见了他的父母，准备商量两个人的婚事。可磊却发现雪莉有一个不好的现象，磊的家在郊区，新媳妇上门儿，磊的父母自然乐得合不拢嘴，他们捉鱼买菜，弄了一大桌子的菜。结果却是，媳妇没吃几口就离开了餐桌，磊的父母一猜就知道不合儿媳妇的口味。

雪莉回来后说："你爸妈做的菜怎么那么咸，以后要是在一起生活，我受不了。"听了雪莉这样说，磊很生气，决定和雪莉分手，后来雪莉又去找他，磊却一直没理会她。

家庭条件差一些的男人，他们会过度地敏感别人对他家人的态度。当别人说一句不尊重父母的话，他们从心理上就会很反感，更不能容忍自己的爱人这么对自己的父母。所以，聪明的姑娘们明白爱他的父母就等于爱他的这个道理。在结婚之前，夫妻一定要经过一段时间的磨合适应期，相互了解对方，就有可能在婚后把各自家庭差异的矛盾降到最小。毕竟，结婚不是简简单单地嫁给一个人，更是嫁给一个家庭。

没有父母，哪来的儿子，没有老公的父母二十几年付出的心血，怎么可能会让他具有你爱上的那些品质？人上了年纪更害怕孤独，老人们想和自己的儿子住在一起没有什么不对的地方。

女人们，别再以扰乱两人世界作为借口，不许他的父母入住了。天下父母谁不爱自己的孩子？但是他们年纪大了，可能说话做事方面没那么得体，当你对公婆产生不满的时候，你是否自省过，是谁天天给他们脸色看呢？是不是当他们有了难处的时候，自己做了旁观者呢？如果你爱你的老公，你该知道接受他的父母，并且爱他的父母，这才是爱他最好的表现方式。

是一种缘分把一个女人和另一个家庭中的儿子联系在一起的，于是，女人嫁给了这个男人，就是嫁给了一种生活方式；爱一个人，就需要“爱屋及乌”。

女人，不再是女孩，要拥有成熟的情感、成熟的爱，尊重、照顾长辈是我们的责任和义务，何况她是你最爱的人的母亲？

从现在开始，忽略一些小的不愉快吧！做一个聪明的女人、智慧的妻子，女人在得到别人儿子的同时，要学会和男人的长辈处理好关系。一味对别人进行指责，只能让自己陷入尴尬的境地，最后摆脱不了自伤的命运。

婆媳关系，不是冤家不聚头

婆婆和媳妇是男人生命里最重要的两个女人，她们都深深地爱着同一个男人，一个拥有这个男人的前半生，一个包揽了这个男人的后半辈子。也正是因为这个男人，两个女人从素不相识，成了有缘的亲人，相互之间有一些不适应也是很正常的。虽说婆婆是自己的长辈，可要和这个长辈温馨融洽地相处，并不是一件简单的事情。很多年轻女孩结婚的时候，通常最担心的不是和自己的老公相处不好，而是怕和婆婆合不来。有人把婆媳关系比作是一对冤家，常言道："不是冤家不聚头。"婆婆和媳妇要想和睦都需要适应和忍让，也需要磨合。所以为了家庭的幸福，为了你深爱的男人，能让一步就让一步吧，既然都是疼爱一个人，又何苦相互为难呢？

生命中总是充满着无数的机缘和巧合，婆媳关系就是这样一对奇妙的女人组合。世上的男人不少，你却因为与他之间的缘分而成为了他妈妈的半个女儿，两个女人由不同的家庭，变成了一家亲戚，你还要管一个原本和你毫无血缘关系的女人抬头叫一声"妈妈"。是她给予了你一个最爱的老公，赐予了你一辈子的幸福，这难道不是缘分吗？若是待婆婆像待自己的母亲一样，必定会得到老公和婆婆共同的疼爱，双方都得到了一个开心果，不是一件很好的事情吗？然而，很多人却将婆媳之间的关系比作是一对天生的冤家，觉得和婆婆相处起来很困难，觉得老太太的嘴太厉害，说的话太难听，总是得理不饶人，当儿媳妇多么地受气。这让人不禁感到婆媳关系真的是一碗不好煲的汤，说不清谁对，也说不清谁错。总而言之，酸甜苦辣都在里面，要想将这碗汤煲好，不仅要掌握好火候，还要随时留心。有句诗里是这样说的："本是同根生，相煎何太急。"婆婆与媳妇都是女人，既然都知道做女人的不容易，同样想让同一个男人生活幸福，又何苦互相叫板呢?

经常闹矛盾的婆媳很容易伤害到彼此之间的感情，甚至影响到夫妻之间的生活。日子长了两个女人好像成了仇人，这时候夹在中间的男人真的是很劳心，一会儿哄哄这个，一会儿劝劝那个，却怎么也解决不了最实际的问题，两个女人还是各执一词，不肯低头。婆婆总是说儿媳妇目无尊长，儿媳妇却将婆婆刺激自己的话记得一清二楚，两个人互不相让，非要争出个高下才算了事。眼看事情交涉不清，两个冤家各说各的道理，搞得男人在两人中间受夹板气。类似这样的事情真的不在少数，时间一长，男人开始独自郁闷起来，他找不到家的温暖，一推开门就要面对两个女人你一言我一语的争吵，这种冲突成为一种恶性循环，真的不知道什么时候才是个尽头。

自古以来，婆婆与媳妇的相处之道就是一条很难逾越的鸿沟，有多少相依相伴的情人在彼此的感情上没出现任何问题，却在婆媳关系面前不知如何处理，甚至闹到以离婚收场。所谓"婆媳"其实是一种现实生活中人际关系的延伸，表面上，婆媳问题只是女人之间的小隔阂，其实这也是女人与男人的问题。婆媳关系首先就是因为一个男人而成立的，然而，正因为有了婆媳关系，两个人的婚姻就要受到另一番考验。

小晴和男朋友王朗谈了四年的恋爱，两个人的感情之船在汪洋大海中稳步行驶。在小晴的眼中，王朗是一个心很细，特别会关心女孩子的男人，经过一段时间的相处，王朗正式向她求婚，还要她和自己一起去见父母。这让小晴欣喜不已，于是两个人手牵着手，来到了王朗父母的住所。

一推开门，小晴看到了一个板着一张脸孔的女人，脸上没有丝毫的微笑，王朗向小晴介绍这就是自己的妈妈，看到面前的这个女人如此冷漠，小晴不由心中产生了失望感，但还是努力赔上笑脸叫了句："阿姨好！"两个人坐了下来，王朗的妈妈开始问小晴很多问题，家在哪儿，学历怎么样，工作怎么样，会不会做家务，等等。这让小晴觉得自己好像在被调查户口，经过一番询问后王朗的母亲总结道：“也不过如此嘛！我们家王朗长得又高又帅，有很多女孩子都喜欢他呢。”听了这话，小晴差点被气得晕过去。于是她站起身来说：“阿姨，我还有事，先走了。”看到小晴一脸不高兴，王朗赶快追了出去，对小晴拼命解释道：“小晴，我妈今天心情不好，平常她不是这样的……”最终爱情的力量战胜了一切，尽管小晴还是觉得和王朗的母亲有些合不来，但她还是因为深爱着王朗，而甘心嫁给了他。

然而婚后的生活对小晴和王朗来说一点都不轻松，原因并不在他们自身的感情上，而是在小晴和婆婆之间尴尬的关系上。起初小晴觉得事事让着点婆婆就没事了，但是时间一长她被婆婆一次又一次过分的言语激怒了。例如：“这么大了也不知道要孩子！”“我们家王朗怎么娶了你这么个不会孝顺老人的妻子！”“你到底会不会做饭，什么都不会做，你的父母是怎么教育你的？”……一连串刻薄的话，充斥着小晴的心。她只得等王朗回来向他诉苦，起初王朗还尽力在她们中间左右调和，可没想到越调解越乱。婆婆经常会无理取闹，这让小晴觉得结婚没有任何乐趣，于是她不得不向王朗提出离婚，虽然她心里放不下丈夫，但她实在没办法忍受婆婆无端生是非的日子。“既然我没有办法让你妈妈满意，与其这样无休止地争吵，让你为难，还不如我们现在分开，对于大家来说都是种解脱。”

在我们的日常生活中，小晴这样的例子比比皆是，结了婚两个人的情感关系没有出现问题，可是婆媳之间却闹得不可开交。从某种角度来说，结婚就像一场激烈的婆媳战争。说到这里你一定不由感叹：做媳妇很难，婚前要被婆婆审核，婚后要被婆婆改良。但深思一下，婆婆也很不容易，担心儿子是否遇人不善，所以婚前严格考核未来的儿媳，儿子结婚后又担心他会娶了媳妇忘了娘。由此看来这两个女人都是很不容易的，如果能多一些理解和关爱，少一些偏见和争吵，再多的矛盾和困难也会以彼此的谦让而烟消云散。

婆婆的坏话你别说

当婆媳问题成为幸福婚姻中的鸿沟时，不明智的媳妇常常会和婆婆针尖对麦芒，在家吵完还不解气，还得跑到别人面前悉数一番婆婆的不是，这个时候，仿佛自己是世界上最委屈的人。可是等到你“大快人心”之后，你会不会发现老公没有以前那么体贴了？婆婆更是不愿意来你家了？周围的邻居也对你有看法了？所以，聪明的儿媳妇，就不要说婆婆的坏话。就算她再不好，她也是你老公的亲妈，你在别人面前说婆婆的坏话，让你老公的面子往哪儿搁呢？如果说婆婆坏话被传到老公的耳朵里，那后果真的是不言而喻。

刘太太算不得蓬头垢面，但是个人卫生不太讲究。头皮屑多得让人不想往她头上瞄第二眼，衣服廉价低档倒不算什么，可是基本上穿出来的都是皱巴巴的。有时候因为起晚了，不洗脸就去上班。路过她家门口都能闻到一种怪味。这些绝对不是杜撰的。

有一次他老公生病住院了，同事们纷纷前来探望，他老公竟然说出了这样的话：医院比家里干净多了，我才不想早出院呢。

不拘小节的人应该都很好伺候吧？可是，从婆婆来了以后，她就常常向身边的人发牢骚：“我根本就咽不下我婆婆做的菜，上面还有泥呢！”“陪孩子看电视，就直接穿着外衣坐到我床上去，衣服上的灰不都粘到被子上了吗？”“洗衣服用的桶里经常有沙子，你说，哪来的沙子呢？真搞不清楚她怎么弄的！好几个桶摆在那里，还偏要到我卫生间里拿，说了几次还是这样！”“我用手摸一下茶几，全是灰啊！她就应付差事！”“咳嗽的时候，都不知道回避，对着我和孩子就直接咳嗽，一家人都被传染了感冒！”……两个月后，她婆婆回了老家。

孩子刚刚一岁的尤园也是如此。她是个比较爱干净的人，因为工作忙，请婆婆来帮忙带孩子。

没多久，她就经常对身边的人说："我婆婆真怪！我买了水果，怕她不好意思拿，还特意放到她房间。可是，我在的时候她不吃，我不在的时候就吃得快！”“真不会做事！小孩子玩得浑身都是汗，也不知道给他换换衣服，一着凉了就感冒！”“我老公不在家的时候，她就不舍得买菜，老公在家的时候，她就会买很多菜！她眼里只有儿子、孙子，哪里有我这个儿媳妇啊！”“我要是哪句话说错了，她就故意把菜烧咸，根本没法吃啊！”“我问过了，她每天买那点儿菜，用不了几个钱，我给她的菜钱用不完，可是还每天朝我要钱，总说菜钱没有了。其实，她拿剩下的那些钱去超市买了零嘴，尽挑好的买，我老乡看到后都告诉我了，一般的她还不吃呢！”

为人妻子，若是能够以退一步海阔天空为原则，只要男人不是很笨，自然会明白你的良苦用心，必定会对你加倍疼爱。

如果你实在处理不好，可以借用一下电视剧《媳妇的美好时代》里毛豆豆的方式：当自己婆婆出现拧巴或者没事找碴儿的时候，表面上她对婆婆绝对不会有顶嘴和不高兴的表现，等回到自己家后就对老公用善意的口吻述说她和婆婆发生的问题，但这叙述过程中绝对没有任何的抱怨情绪流露，更不要在外人面前说自己婆婆的是非，请老公帮自己去婆婆面前解释开脱，这才不失为是一个好办法。

调换一下位置想想，如果你是儿子你肯定也不允许别人说你妈妈的坏话。如果你有儿子，你的儿子将来也会这样。也许总有一些委屈是你忍不住的，你想和周围的人说说，其实他们对你的事情并不感兴趣。久而久之，你就给他们留下了祥林嫂式的印象，他们觉得你很烦，甚至一些年纪稍长的人认为你是个不怎么样的儿媳妇。

所以，聪明的女人，永远不要在别人面前说婆婆的“坏话”，每个人都有优点，尽量让自己忘掉婆婆的不好，只记得她的好。如果非要挑剔婆婆，对你百害而无一利。

揣摩婆婆心思，消除心理隔阂

揣摩婆婆的心思，对儿媳妇而言非常重要，只要把婆媳关系搞好了，整个家庭就会幸福了。其实，婆婆需要哄，人都喜欢听赞美之词，婆婆听了自然也会高兴。只要儿媳平常能有意识地这样做，婆媳关系也会变得越来越和谐。

老人经常说的一句话叫作“生在新中国、长在红旗下”，吃苦耐劳、勤俭节约、团结友爱以及牺牲精神，也可以概括为“雷锋精神”，这些品格几乎是我们的父辈这一代人共同的时代品格，具有时代的烙印。

而作为儿媳妇的“80后”，是长在改革开放的时期，吃的穿的都不发愁了。受到了更多的教育，我们这一代和老一代的差距是不言而喻的。

有这样一个故事：

身为数学老师的婆婆喜欢讲一个“省”字，省水、省电、省钱、省粮食，因为她不爱浪费，喜欢节省，所以她有一个外号——“省长”，这还是儿子给她起的。儿子跟他媳妇说：“我妈是‘省长’，到咱家之后，一定会处处节省的。”未雨绸缪，做丈夫的还没等母亲驾临，就先给儿媳妇打一个预防针，以免产生矛盾。

“省长”母亲和她的丈夫来到儿子家以后，矛盾真的发生了，但是，儿媳妇是一个聪明的女人，来了一个软着陆。

有一天，婆婆对媳妇说：“窗帘脏了，地也脏了，咱们一家人彻底做一次大扫除。”

儿媳妇在公司里忙了一周，双休日好不容易可以放松一下，她可不想把自己变成打扫卫生的“灰姑娘”。

于是，她赶紧跟婆婆说：“妈，我来打扫卫生，您去超市，看看有什么便宜货没有？”

婆婆很高兴地走了，儿媳妇赶紧叫小时工来把一切都打扫好，最后把窗帘拿下，让小时工送到洗衣店，婆婆回来一看收拾得这么干净。惊讶地说：“我刚去了一会儿，你怎么收拾得这么干净？”

儿媳妇实话实说：“刚才我请了一个小时工。”

婆婆一听就急了：“年轻人，真是败家，我这一走，你就浪费了这么多钱。”

儿媳妇摸透了婆婆的心思，她说：“妈，我给你讲一讲，人家那些小时工，有的是下岗工人，有的是来城里的打工妹，有的是家里比较困难的，还有勤工俭学的女学生，这些人挺困难的。我们现在不困难，可以请他们做做。如果不让别人做，人家没有生意了，人家吃什么，请人家做事，也算帮助她们了。”

婆婆一听也有道理，看婆婆不反对，赶紧说：“妈，你平常不是总是捐钱吗？这也算是儿媳妇替你做了善事，好不好啊？”这样一来，婆媳之间不但没有产生矛盾，婆媳之间的关系反而更加融洽了。

可是，如果儿媳妇摸不透婆婆的心思，见婆婆反对请小时工，她说：“别那么抠，您干吗呀，那么大岁数了。”

同样的一个意思，但是这样的话就非常难听，惹得婆婆不高兴：“你怎么训我，我还轮不到你训呢。”如果这样一来，婆媳之间的矛盾就会不可避免地爆发了，所以摸透婆婆的心思很重要。

往往婆媳都有一种误区，认为都进了一家门了，都是一家人了，随随便便地说话也没有什么，尤其是性格爽朗的老人更是随便，觉得不必讲究。

实际上，世间万物中，人最复杂，如果我们有好的理念，心里想的就是要把人际关系搞好，我们就会有很多方法处理。如果我们是很随便地待人接物、说话，脑子里没有这个思想，就会产生很多不同的说话方式，引起很多不必要的矛盾。

世界上没有一百分的婆婆，也没有一百分的儿媳。假如婆婆是50分，儿媳也是50分，那么我们可以做一个加减法，如果合在一起，加起来就是百分百的婆媳关系；如果减没了，关系也就彻底终结了。我们要明白这种加减法，婆媳之间如果互相指责，就是在做减法，今天减一分，明天减一分，家庭的甜蜜就这样一点一滴地被减掉了。如果婆媳之间互相理解和善待，就像是做加法一样，幸福家庭也就是这么一点一点被建立起来的。

儿媳妇绝不能成为婆婆的天敌，而要抱着一颗善待婆婆的感恩之心，把婆婆视为恩人。你应该这样想，作为你婆婆这样的老年人，她几十年呕心沥血地培养了一个男人，这就是你的丈夫。这个男人在风华正茂的时候，遇到了媳妇，在他一生最好的时光中，来到了你的身边，这个男人是谁给的？是婆婆给的。是谁教育的？是婆婆教育的。他之所以引起你的爱、引起你的尊重，是因为他的身上流着婆婆的血，他的性格也透着婆婆的培育。

摸透婆婆的心思，你就会消除和婆婆的心理隔阂。你来到婆婆的家里，就要适应双重的角色，在心理上要明白：我现在是他人之妻，他人儿媳，将来我还要做他人的母亲，承担家庭的责任。

姑嫂之间更需相互谦让

姑嫂关系，是家庭关系中除了婆媳问题外最容易出问题的一层关系。如果处理不好，将会搞得一家人鸡犬不宁。姑嫂间的矛盾往往都是一些鸡毛蒜皮的小事引起的。比如：嫂子说话不好听，小姑任性不干家务，婆婆偏心小姑……其实只要多些宽容，少些计较，凡事都为对方多想一些，你敬她、她敬你，彼此就会相安无事。

玉芝刚结婚的时候，小姑还在读大学，她一般住校，很少回家，因此两人相处的时间也不多。但是玉芝心里明白，姑嫂不和，比婆媳不和对家庭的伤害更甚。况且，小姑是婆婆的贴心小棉袄，自己对她的言行，婆婆都看着呢，所以，这在很大程度上决定了她们姑嫂之间关系的好坏。

一到周末，玉芝就会为小姑做上一大桌好吃的，改善她的生活。在吃饭的时候，她会一边和她聊天，一边给她夹菜。等她要回学校的时候，当着婆婆的面，玉芝会给她几百块钱，并叮嘱她：千万不要在嘴上省，在学校要照顾好自己。

渐渐的，小姑体会到了嫂子对自己是真心的好，就和她无话不谈。无论有什么事，都愿意直接找她商量。小姑大学毕业后，找到了一份不错的工作，玉芝还特意带着全家去饭店为小姑庆祝。

此外，玉芝还经常约小姑去逛商场，顺便就给她买一些她喜欢的东西。在小姑心情不好、情绪低落的时候，玉芝还会抽出时间来安慰她，并请她去看电影，以此来缓解她压抑的心情。

小姑经常对别人说，嫂嫂比哥哥对她还要好，还说有一个好哥哥不如有一个好嫂子。玉芝的婆婆也逢人便说，她儿媳妇是个明事理的好媳妇。

在家庭中，姑嫂关系尤为特殊：姑子是婆婆的心头肉，又和老公是兄妹。姑子如果是个自私的人，那么她很可能就会成为家庭矛盾的导火索。

有些家庭之所以不和睦，就是因为姑嫂之间的矛盾引起的。因此，切忌私下传话，要与“姑”为善。如果姑子真是做错了事，说错了话，应该多一分宽容，找一个合适的机会再说出来也不迟。

嫂嫂对待小姑，要像姐姐关心妹妹一样，不论在哪方面都应给予热情和正确的指导。当小姑为选择伴侣而举棋不定时，你要诚恳地给出建议，使其能建立美满幸福的婚姻。当她遭遇挫折时，你应及时给予安慰，同她一起分析原因，帮助她尽早脱困。

一般婆婆都比较疼女儿，所以作为嫂嫂还要体谅小姑和婆婆的骨肉之情，既要孝敬公婆，又要当好小姑的顾问和参谋。在日常生活中，小姑对自己的母亲很尊重，小姑也深受母亲的宠爱，母女之间常常说些“悄悄话”。做嫂嫂的要通达一些，要念及母女亲情，切忌胡乱猜忌，从而产生误会。身为嫂嫂，气度要大些。否则姑嫂之间的感情就将难以维持，甚至婆媳之间的纠纷也被引发。

在日常生活中，嫂嫂也要懂得主动照顾小姑。有些人家的小姑生活自理能力很强，并不需要别人的帮助，她只希望嫂嫂能够善待自己的爸妈就好。能达到这一点，小姑内心就会感激不尽。姑嫂关系，一定要以诚相见，嫂嫂这般对待小姑，小姑自己对嫂嫂心生欢喜之感，姑嫂之间的感情就得到了增进。

经营婚姻是一门学问，搞好复杂的家庭关系也是一门学问，所以，在处理姑嫂关系的时候一定要特别注意，只要你诚心诚意对小姑好，小姑肯定也会对你维护有加，婆婆也会觉得你做嫂子的不错。婆媳关系和姑嫂关系都搞好了，那你的婚姻必将幸福无比，世上有哪个男人不爱这样聪明贤惠的妻子呢！

孩子，是上天派下来的幸福天使

人生一般都要经历几个重要阶段，一个人的时候想要两个人，两个人以后想要三个人。怀孕是作为一个女人最痛苦而又最幸福的时刻，尽管需要付出很多的艰辛，忍受很多的疼痛，但即将成为母亲的女人脸上总是洋溢着快乐的笑容。在每个家庭看来，孩子就是一个幸福的天使。当他呱呱坠地的时候，当他第一次哇哇大哭的时候，总是会给亲人们带来无尽的欢乐和慰藉。婚姻需要有孩子作为纽带，有了孩子，两个人的生活就会发生质的改变，他们要从对彼此的感情中分出一部分给孩子，当他们一起在孩子的身上倾注自己更多的精力和希望时，当他们为了孩子的前途而百般规划时，当他们由为人父母的喜悦上升到作为一个家长的责任时，两个人之前的矛盾都不再深化，反而化干戈为玉帛，曾经一切的抱怨都成为了任劳任怨，整个家庭也看上去更完整、更和谐了。

目前，有这么一个观点："没有做过母亲的女人，是不完美的。"因此，大多数女人都希望能够拥自己的孩子，看着他一点一点长大，摸着他温暖的小手，那种幸福感是无法言喻的。更何况孩子是自己与丈夫爱情的结晶，就算曾经两个人之间存在着各种各样的分歧，就算两个人经常发生口角，为了孩子能健康成长，自己也会发生很多改变。作为父母，必然会尽量控制那些说风就是雨的坏脾气，将更多的心思用在孩子身上，而且还要为宝宝作出一定的模范榜样，时间一长也就成了习惯。孩子就成为夫妻感情的甜蜜果实，成为他们共同努力的希望，当两个人的生活变成了三个人的世界，婚姻也就此开始了一个新的篇章。我们从父母的孩子，升级成为孩子的父母，家庭就此变得更完整、更快乐、更和谐。孩子那稚嫩的双眼，天真的笑容，无时无刻不映在为人父母的心里，这一切都让他们喜悦满足，即便是两口子吵架，也因为有了孩子的介入而日益减少。

美艳有一个聪明活泼的儿子，当这个小生命来到这个世界的时候，他就必然成为了父母的掌上明珠。小两口没有闲心再去吵架拌嘴，而是把自己大部分精力都扑在孩子身上。他们希望孩子有一个美好的未来，也希望自己能够尽其所能给孩子提供更好的成长环境。尽管孩子还小，两个人却经常坐下来讨论孩子今后的教育问题。

时间就这样转瞬即逝，儿子已经八岁了，上了小学二年级，学习成绩也不错，这让美艳和老公很是欣慰。当然孩子给他们带来的快乐并不仅限于此，就连两口子在家里有矛盾的时候，体会到孩子的感受，怕影响他的成长，也因此将矛盾慢慢淡化。

一天，老公回来以后就懒懒地躺在沙发上，美艳做好了饭叫他吃饭，他也好像没有听见一样在那里闭目养神。这可把美艳气坏了，于是她把勺子一摔，气呼呼地说道："一回家，就这副破德行。人家做好饭请你来吃，还要摆臭架子。还要人家用八抬大轿来请你吃不行？""哎呀，你烦不烦呀？我这一天工作已经够累的了，闭着眼睛休息又没招你，你有病啊？""我有病？我也是上了一天班回来的人，接孩子、洗衣服、做饭凭什么都是我的活儿？你上班累，谁上班不累啊……"就这样，两个人开始喋喋不休地争吵起来，这时候在里屋写作业的儿子听到了，于是他悄悄推开了房门，探出自己的小脑袋说："爸爸妈妈，你们玩什么游戏呢？怎么还背起台词来了？"听了儿子的话，两人你看看我，我看看你，都忍不住笑出声来，一场家庭风波就这样在一片笑声中过去了。

一场风波就这样，因为孩子的一句话而有了一个快乐的结束方式。由此看来，孩子真的是家庭必不可少的一个成员，有的时候他就像一个幸福的天使，总是能带给父母无限的希望和生活的乐趣。也许他们经常调皮，也许他们时常不听大人的话，但不管怎样，他们的想象力，他们的一些幼稚可爱的行为，总是会给大人带来无限的惊喜与快乐。当他从蹒跚学步，到跑跑颠颠；当他们从牙牙学语到背诵唐诗，当他们从第一次走进校园到成为一名大学生，父母会为之倾注自己全部的关爱和心血。这不仅仅是一种代代相传的生活方式，也是一种质朴之爱的浓情表达。

然而，现在有很多年轻的夫妇都认为要孩子是一件很麻烦的事情，尤其现在工作生活压力一天比一天大，两个人都要忙于工作，将主要精力放在自己的事业和前途上。觉得房贷、车贷已经压力不小，再省出一笔钱来做孩子的日常开销，这会让他们的财政出现赤字。于是，很多人放弃了要孩子的奢望，直到自己事业有成的时候才想起孩子对于家庭的重要。可是自己的年龄已经超过了要孩子的最好时期。经常有老人这样劝慰年轻人说："赶快要个孩子吧！只有这样婚姻生活才会完整。"也许这时候你会不屑地说："这有什么，都什么年代了，还遵循这样的老观念？"但是，当你做了母亲，真正的体会到孩子给你带来的幸福时，就会相信，这句话说得多么正确。

孩子可以改变父母的一生。当他走进父母原本二人世界的时候，他成了两个人的欢乐，他们就会渐渐发现自己也随着孩子的成长变得成熟了：过日子的方式也发生了变化，花钱开始有了节制，自己会主动把好东西让给自己的下一代，这一切的一切都是心甘情愿的，又是充满幸福的。让我们和自己的小宝贝一起成长吧！有人叫自己爸爸、妈妈的日子是快乐的，相信当你真真正正地把他的小手握在自己的大手里的时候，这个幸福的小天使一定会给你带来一种前所未有的感觉。

老公的朋友也需尊重

大部分男人都是比较讲义气、重情义的。所以朋友、哥们儿是男人生活中不可缺少的一部分。但是大多数情况下，女人们都会觉得男人那样做完全没有必要，既然结了婚，你的生命中最重要的就是我，除了工作，其他时间都应该和我在一起。这样认为的女人确实不怎么明智，聪明的妻子应该想办法融入老公的朋友圈子，并尊重他交朋友的权利，这样他的朋友也会感觉到你对他们的尊重，他们也就会更加尊重你、欣赏你。

也许你并不喜欢老公经常和朋友黏在一起；或许你本来就很看不惯他那些朋友的为人；可能，老公和哥们儿相处确实有点过火，把夫妻的私人空间都挤占了。可是你发火也不能发在别人身上，这样不但解决不了问题，可能还会引发夫妻之间更深层次的矛盾。如果你有什么不满，不妨在合适的时候找老公聊聊，这才是最成熟的做法。

下班了，智斌高兴地说："我大学时的同学周末要约我出去郊游。"

听了智斌的话，莎莎的脸一下子沉了下来："你们不是一个月前学校校庆才见面的吗？这中间你们还一起参加了一个婚礼，你们见面太频繁了吧！说好了周末帮我装电脑的，我的电脑卡得要命啊！"

到了周末，尽管莎莎百般不愿意，智斌还是和哥们儿一起郊游去了。

莎莎一个人在家赶一份紧急的文件，刚工作了一会儿，电脑就死机了。这文件可是领导让晚上发过去看的。她想着老公一大早出去，下午三四点也应该快回来了，干脆让他回来帮着看看。电话接通了，正和哥们儿开怀畅饮的智斌哪顾得上和莎莎多说，三两句应付完便挂了电话。

这么多年来，智斌和这些同学们真是情同手足，凡是这些同学的事，智斌从未怠慢过。

莎莎越想越生气，于是，屡屡打电话催智斌快点回来。智斌被莎莎不停地逼问与催促搞得异常尴尬。几个哥们儿也很同情智斌，干脆就先“放”智斌回来了。

回到家里，两个人就爆发了一场家庭战争。

智斌的同学聚会其实是一个导火索，莎莎一直因智斌与哥们儿来往过多而感到不满。男人和好朋友们相处时，特别希望老婆的态度是支持的，莎莎在智斌的同学在场时频频打电话催促，无疑会让智斌难堪。同时，他的哥们儿也会感到不被接纳。还不如你主动请缨在家里为他们办一场同学聚会，老公一定会为了这次聚会跑前跑后，他也会打心底感激你。而且聚会是由你召集的，那么聚会的时间自然由你来定，这样你就有大把时间和老公相处啦!

云鹏的老婆又在数落他："你看你交的都是些什么朋友，要钱没钱，要权没权，你还整天跟他们玩得挺乐呵，既浪费时间又浪费感情，不知道有什么意思。上次我去超市买菜，碰到了你那铁哥们儿小峰，大白天的不务正业，尽跟着一群混混在广场上跳舞。我当时就说了他一顿，让他好好找份工作干着，这么大了也该攒钱娶媳妇了……”“你有问题吗？跑人家面前说这些干吗？你知道尊重人吗？我说小峰怎么那么长时间不联系我了，原来都是你干的好事……”“我这也是为你好，不来往了不是更好吗？省得你也变成那样……”“够了，我怎么会有你这样蛮不讲理的老婆……”

男人最是重情重义的，你不尊重老公的朋友比不尊重他还要让他恼火，朋友是他交的，你诽谤他的朋友就是在诋毁他的眼光，他交什么样的朋友都自有他的道理，只要他还是那个爱你的老公，只要不太过，多交一些朋友有什么不好呢?

所谓朋友多了路好走，你们俩是要在一起生活一辈子的，如果少了朋友这种颜料，你们的生活岂非会缺失很多色彩?

所以，聪明的妻子，不但要尊重他的朋友，更要积极地融入老公的朋友圈子。只要你明确自己的立场，多动动脑筋，就一定能在老公和他的朋友之间处理得游刃有余。这样，你不仅是多了一些朋友，这些朋友还会成为你和丈夫之间的婚姻保鲜剂；在朋友的调和下，你们的婚姻才会更幸福。

你的气，切莫向家人发泄

情绪是一个很容易传染的东西，很多女人在外面受了委屈或是心情不好，都喜欢将不满全部写在脸上，一回到家就开始喋喋不休，一股脑儿地全部倒出来。更有甚者，直接将在外所受的气悉数发泄在家人身上，丝毫不顾虑家人的感受。

心情不好时，拿亲人当出气筒是最不明智的做法。这样做不仅摆脱不了坏情绪，反而会让莫名其妙的家人难受不已，如果受你感染的亲人也按捺不住，和你争吵起来，只会让形势更加恶劣，劳神又伤心，还会影响家人之间的感情。

景贤和同事一起乘车出去郊游，一行人高兴地游玩归来的时候，没想下起了大雨，车子一下开进了泥坑，陷在里面走不了了。于是大家又一起出来推车，好不容易把车子推出了泥坑，景贤一行人却被淋得跟落汤鸡似的，心情也跟当时的天气一样，由晴转阴。

快到家门口了，景贤和一个准备在她家吃饭的同事都一脸沮丧。但走到门口时，垂头丧气的景贤并没有马上走进去，而是站在门口，伸出双手，抚摸门旁一根突出的栅栏。大约停了半分钟的样子，她才敲门。门开后，景贤笑逐颜开地和丈夫说话，还高高兴兴地向家人介绍了同事。

待同事离开的时候，景贤出来送她。同事不解地问："你真的很会装啊，明明不开心，还硬装出一副开心的样子。"景贤笑笑说："人总会遇到让人心情不好的事情，可是无论怎样，我都不能将坏心情带进门，带给我的家人，那样他们也会心情不好。所以，我每次心情不好的时候，都会强迫自己微笑着进门，这样才是爱的表现。”

现在有很多女人深受工作压力的影响，紧张、焦虑、抑郁、烦闷等不良情绪时常困扰着她们。但不管怎样，我们都不能带着坏的情绪回家，要学会掌控自己的情绪。快乐和不快乐都是可以感染到别人的。明白这个道理后，我们就该学会控制好自己的情绪，给家人一份好的心情。

如果你的家变得温馨的话，千万不要做伤害家人的事，请用你的爱心去滋润家。要知道，家永远是你是停船靠岸的港湾，家是你的栖身之所，家是容纳你心灵的地方，不要做出伤害你家人的事情，否则，你无异于自伤。

那么，我们运用什么办法，才能有效控制自己的情绪，避免向家人发脾气呢？以下几种方法建议大家尝试一下。

方法一：转移宣泄。如果任不良情绪任意滋长的话，对身心健康是毫无益处的。因此，适度释放不良情绪，可以有效调节心理。比如：穿上宽松肥大的衣服，躺在床上，双手握拳。作出假想击敌状，反复这个动作。或者站在山顶，大声喊出“讨厌”等宣泄词语，然后，做深呼吸调整，可以达到宣泄不良情绪的目的。

方法二：推迟发怒的时间。试着延迟你发怒的时间，第一次5秒，以后逐渐把时间拖长。如果你能做到推迟发怒一天的话，你就毫无愤怒可发了。

方法四：写动怒日记。当怒气未消时，在日记本上写出不满的情绪有助于情绪的宣泄，并因此发现真正的感觉，因为，愤怒时的情感往往是我们的错误情感。研究表明，善于写下问题的人，要比那些不写的人更快乐，而且我们把感觉写出来以后，不良情绪就会得到缓解。

第八辑　沟通是爱情的贴合剂

没有良好的沟通，夫妻关系就像一座没有人烟的空城，用貌合神离这个词语形容这种关系再贴切不过的了，这种关系让彼此心痛。沟通彼此的感受，可以让夫妻相互之间保持关系的畅通，沟通不失为是爱情的贴合剂。

回答也要转个弯

夫妻之间说话也要转转弯，同时掺入些爱意的成分。你是否知道自己经常在接受“他”的考试？而且是以各种不同的方式？当男人问他的妻子：“假如我调职了，我们要搬到别的地方去住，该怎么办？”妻子的反应多半是：“什么意思？搬到别的地方去住？我跟小王做了十年的邻居，我才不要搬家呢！”其实他想听的是：“不管住哪儿，只要我们在一起，我就高兴。”这样的一句回答顿时会使满屋生辉，充满和谐的气氛。这时候他就会把心里的矛盾和苦恼一股脑儿地向你倾吐。一个男人只要体会到真正地被爱，他会为了心爱的人尽其所能地作出最好的决定、最佳的表现。男人还喜欢提出的问题是：“要是我升不了级该怎么办?”妻子们最常见的反应是：“为什么问这种问题呢?”“别这样嘛！”“只要努力，你肯定会有升级的一天！”“啊呀，要是你升不了级，我们怎么让孩子念完大学?又怎么跟得上通货膨胀呢？”再或者：“要是升不了级，你就冲进上司办公室告诉他你绝对够格！”而男人真正想听的是：“那有什么关系，日子紧点过，紧紧腰带就没事了。我们在一起才是最重要的，亲爱的，我爱你。”

有位朋友在先生失业时的回答正是如此。就在最后，面对经济整个破产的时候，几乎没有一天她的先生不问这句话：“要是我找不到工作怎么办？我们该怎么生活？”也就在她发觉自己的婚姻已经濒临险境时，她设身处地地接纳并投入了先生的忧愁。她对她先生说：“我们开始的时候本来就什么都没有，现在可以重新开始了。只要我们同心协力就一定能够渡过难关。”她说：“凭着我这一点点的支持，先生的态度也变得温和起来，就像找到了对抗逆境的生力军。”这位朋友说：“现在，每逢先生回顾那些艰苦的岁月，他便会拥着我，告诉我当年我的爱和那份执着，对于他的意义是多么大，使他解除了好多好多的压力。”要爱就应该“爱他的本色”，这项原则让这位朋友发挥得淋漓尽致，应用得也正是时候。

还有一位女士回家后，她丈夫焦躁地对她说：“我开始秃顶了，你看，头发越来越少。”她一把搂住他说：“那有什么关系，我爱你，很高兴你是我一个人的。不管有没有头发，我都觉得你是最英俊的男人。”其实，这位丈夫的问题就是一项考试，假若她这么回答：“哦，你可以去做毛发移植嘛，现在很普遍，价钱也不算太贵。”更糟的情况是：假若她笑得支支歪歪地说：“真不敢想象你秃顶的样子，太可怕了！”她不但没有说这些话，反而向丈夫再一次地证明她的爱，而他自然是以亲吻和绵绵的情话做回报了。

小张，一位五十多岁的女士，她曾经腼腆地谈起丈夫对性无能的恐惧。她说有一天晚上，她想和先生进行夫妻之事时，先生突然说：“我不行。”小张当时的第一个冲动反应就是生气。这可好，她想，月底就要出差了，他现在不行，就是代表不想。但她并没有发作，以无比体谅的语气说道：“没关系。其实我最在乎的是你搂着我、抱着我的那种感觉。”丈夫说：“我58岁了，真要是往后再也没法做爱那该怎么办?”（又是在考试。）她答道：“没什么啊，我现在爱你，永远爱你，不管发生什么情况。你最近压力太大，难怪没办法放松自己。”她丈夫忍不住地说出自己是否该去看看医生，她坚决地向他再一次地保证。“不必，”她说：“我认为你只要想办法尽量放松心情就行。”她温柔地抚摸着他的头发，爱意无限地对他说：“最要紧的一件大事就是我好爱好爱你，现在我只想要你搂着我。”于是两个人相依相偎地进入梦乡。

还有一位女士说她去心理咨询大夫那儿吐露过心事。她觉得丈夫只有在屋子里一尘不染时才爱她，而她真正需要的却是希望他爱她在先，而后她才有打扫清洁的力量。有时候被爱在先的感觉的确很重要。如果因为做些什么或是有些什么才被爱，那任何人的感觉都是“被利用”，而不是，“被爱”。爱的给予应该无条件和不求任何回报。应该这么说：“爱你，因为是你；生命中能够有你是多么地幸运！”

沟通，从认真聆听开始

有一句古老的格言说，我们总是只听我们想听的事。看交际学理论，其中说到我们能够用四种不同的耳朵来捕捉他人的信息：关系之耳、客观之耳、自省之耳、顺从之耳。男人一般用“客观之耳”和“自省之耳”，而女人用的就是“关系之耳”和“顺从之耳”。

幸福的女人，首先一定是老公心声的倾听者，其次她们还善于选择倾听的内容。第二条对于女人来说尤为重要，聆听能力到最后实际上就是一个选择聆听内容的能力。

当方方面面的压力迅速袭来时，女人会本能地开启心灵，畅谈她的问题、她的心情和她的感受。她也不给她的问题排“座次”，而是想到哪里，就说到哪里，随心所欲，顺其自然。

她不像男人那样，强调所谓的“优先选择”和重点突出，只要女人把自己肚子里的问题一一倒出来，就会让男人应接不暇。这时候男人最好不要急于解决她的问题，而是先要把自己真实的感受说出来，唤起妻子的理解和共鸣，这会让她的心情慢慢归于平静。

换句话说，一个倾诉的女人，越是畅所欲言，就越是远离沮丧和懊恼。只有聆听丈夫的心声，她才能感觉宽慰和舒适。

小强有个幸福美满的家庭，他常说一个家之所以能温馨、喜乐、“安”居乐业，最主要的是家里有个好女人。

有一次，他讲了他和太太的恋爱史。他说，他之所以会和他太太结婚，是因为和她第一次见面时，只有她能认真地听他说话。

当时的聚会，有五个女孩子来参加，但当他说话时，只有她认真地看着他，认真地听他把话说完。当时他讲的是有关西洋美术史的东西，也许有点冷门乏味吧？其他的女孩子有一搭没一搭地听着，偶尔会像应酬似的看他一眼，冷硬地微笑，他知道她们没听进去。那种感觉就像你在KTV里唱歌，虽然没有人认真在听，但你还是要唱完一样，有点为难又有点下不了台，这时只要有一个人认真倾听，你瞬间就会像遇到救世主一样，有种被解救的感动。

后来，他问她是否听得懂西洋美术史，女孩子笑着说："那么专业的事我真的听不懂，但我觉得很有趣，且又能增长见闻，所以我就想继续听。"他当时有一种被欣赏的感觉，他在霎时间作出一个决定：只有和她永远相伴，才能报答她的这种恩情。

这些小事，虽然说起来没有什么大不了，但相信很多女人都不知道，原来男人对这种认真的"眼神"和"忠诚"，是多么地敏感及渴求。

聆听，不仅仅是对别人的尊重，也是对别人的一种赞美。我们知道，在社交过程中，最善于与人沟通的高手，是那些善于倾听的人。也许在交谈过程中她并没有说上几句话，但是她一定会得到他人的肯定，认为她是善于言辞的人。

聆听是对别人最好的尊敬。专心地听别人讲话，是你所能给予别人的最有效、也是最好的赞美。不管说话者是上司、下属、亲人还是朋友，或者是其他人，倾听的功效都是同样的。人们总是更关注自己的问题和兴趣，同样，如果有人愿意听你谈论自己，你也会马上有一种被重视的感觉。

小菲，是公司里年纪最小的，但是大家都很喜欢她。她积极、上进，总是很虚心，无论谁说话，是老总还是普通同事甚至是保洁员，关于工作的或者与工作无关的，她都能够做到安静地倾听。注意倾听别人讲话总是会给人留下良好的印象。

在小说《傲慢与偏见》中，丽萃在一次茶会上专注地听着一位刚刚从非洲旅行回来的男士讲他的非洲见闻，几乎没有说什么话，分手时那位绅士却对别人说："丽萃是个多么善言谈的姑娘啊！"

这就是聆听别人说话的效果。它能让你更快地交到朋友，赢得别人的喜欢。当然，倾听不仅仅是保持沉默，用耳朵听听而已。如果我们只用眼睛或耳朵来接收文字，而不用心去洞察对方的心意，就实现不了读或听所希望达到的效果，结果只是浪费时间，并不能达到有效沟通的目的。

真正的聆听，是要用心、用眼睛、用耳朵去听。女人不但要学会用耳朵倾听，还要学会用心去聆听。

当对方说话内容很多或者由于情绪激动等原因，语言表达有些零散甚至混乱时，你都应该耐心地听完他的叙述。即使有些内容是你不想听的，也要耐心听完。千万不要在别人没有表达完自己的意思时，随意地打断别人的话语。当别人流畅地谈话时，随便插话打岔，改变说话人的思路和话题，或者任意发表评论，都会被认为是一种没有教养或不礼貌的行为。

要使别人对你感兴趣，那就先对别人感兴趣。问别人喜欢回答的问题，鼓励他人谈论自己及他所取得的成就。不要忘记与你谈话的人，对他自己的一切，比对你的问题要感兴趣得多。

总之，聆听需要做到耳到、眼到、心到，当你通过巧妙的应答把别人引向你所需要的方向或层次时，你就可以轻松掌握谈话的主动权了。

能做个耐心的听众是一件难能可贵的事。不管是在日常的社交过程中，还是在职业场合里，女人都要学会做一个有耐心的听众，并且把你对老公的尊重和诚意表现在脸上，这样你将会有意想不到的收获，成为一个幸福的女人。

误会，需要解决而不是争吵

婚姻家庭，是一个矛盾的综合体，夫妻住在同一屋檐下，经常是“举头狼烟无风起，低头战火不期来”！当然，每个人都不希望争吵发生。生活之道在于化矛盾于无形，化干戈为玉帛，在于想办法解决问题，而不是整日争吵。

有人说，争吵是婚姻的感冒，有人在争吵中解决了问题，使两人更加和谐；有人却让争吵变成了下次争吵的前奏和隐患。

家庭中的争吵，在初婚的一两年内多为发生期，那段时间是夫妻双方的磨合阶段，两个人生活在一起，双方之间难免会有不合拍的时候。这个时候就需要双方的调适，不仅要在感情上进行调适，在家务安排、家政经济、日常饮食等方面都有一个适应调整的过程。如果处理不好，不能令双方都满意，或者一方没有做到宽容忍让、理解支持，双方就难免会发生一些无谓的争吵。

不同的人，解决的办法也不一样。冬玲和王强刚结婚时很恩爱，一心只想建设好他们的幸福家庭。可不到半年的时间，冬玲就开始指责王强震耳的呼噜声吵得她睡不着觉，王强却说冬玲的唠叨快要将他逼疯了。于是，争吵成了家常便饭。

这样的生活，使冬玲非常苦闷，她绞尽脑汁想办法避免无谓的争吵，并尽量不说激怒王强的话，可说起来容易，做起来难。

夫妻生活中，不可能没有矛盾、没有摩擦、没有争执，作为妻子，一定要分清楚什么时候该争，什么事情该争；什么时候需要心平气和，什么时候需要气壮如牛。不管争与不争，都不要没完没了，应该干脆利索。

作为女人，就要做好这个角色。要明白，每个人都会因为无谓的争吵感到疲倦。每一个成功男人的身后必定有一个贤内助。女人要尽自己最大的努力做好男人的贤内助，做好分内的事情，换回家的安宁，为了你们的幸福，你值得去做。

做好男人的贤内助也是爱他的表现形式之一。最好不要指责，而要多赞扬、多建议，把埋怨变成希望，就要多付出一些理解和宽容，将那些无谓的争吵抛开，多看看对方的好，这样就会带给对方满满的幸福，而不会整天在争吵中度日。

用温柔的语调俘获男人的心

女人一定要温柔，因为温柔才是王道。温柔似水，才能以柔克刚。如果你认为自己没有聪明的头脑、广博的才学，认为自己没有美丽的容貌、魔鬼的身材，不要独自悲伤，至少你还拥有女人特有的温柔。当你用温柔的语调与他交流，当你用温顺的眼神向他微笑，我想世界上没有任何一个男人可以抵抗温柔带来的力量。这种柔情能够渗透到男人的每一根血管，让他倍感舒适，备感温暖。

每个女人都希望把老公的心牢牢地抓在自己的手里，然而想做到这一点，光靠蛮力是不行的，这是对女人情商的一种考验。要知道，男人一般是不“谈心”的，想要让男人对你没有任何秘密可言，其困难程度不亚于让一个女人心甘情愿地宽衣解带。俗话说得好：“女人需要男人疼，男人需要女人的理解！”作为女人要想真正了解自己的男人，首先就要学会温柔。

婚姻中的沟通是要讲求策略的，爱情也有三十六计，温柔的语调就是其中一计，不管你在经历怎样的情感生活，温柔永远都是女人的武器。在这个充满悬念的婚姻战场上，想占上风也不是那么容易的，所以还是让我先给他放一枚温柔的炮弹，把这个属于自己的男人炸得晕头转向，再配上一把温柔的利剑，让他彻彻底底拜倒在你的石榴裙下。只有这样你脚下的这双婚姻鞋，才会合你的尺寸，穿起来更舒服。

王慧和李飞结婚不到半年，却天天为了周末在哪里度过的而吵架。“凭什么啊，凭什么又要到你家去吃饭啊，各吃各的有什么不可以的？”

王慧一脸委屈的向老公发问道。“就因为咱俩老不回家吃饭，我妈刚才在电话里把我骂了个半死。不过说句实话，我妈也不是傻瓜，咱俩老这么躲着她，他一定会看出来的。”李飞惨惨地对王慧哀求道。“看出来也没啥！”王慧开始犯起小嘀咕来，“我们老到你家那边吃饭，我家那边肯定会有意见的，上周不是刚刚去过你家了吗？一个多星期没见，我妈肯定想我了。好老婆，今晚就到我家去吃饭吧，咱们明天再去陪你爸妈行吗？我今天晚上要是不回家吃饭，我就死定了。”李飞苦苦地哀求着。“不行！要回你自己回吧！我得回去陪我妈！说真的，我一见你妈就犯怵，那么多要求我可受不了，真让人害怕。”“怕什么啊，有我呢，她又不会吃了你，最多训你几句而已。你就应该多向我学习学习，脸皮厚一些就没事了，我妈怎么骂，我一耳朵听一耳朵冒，要不然早被气死了。”李飞用恳切的目光央求着王慧。

“哎呀，算了，听你的，回家吧，臭老公，怎么这么烦人啊。”见老公如此为难，王慧实在是不忍心了，还是用娇滴滴的声音温柔地答应了。“啊，老婆大人，你实在是太好了，太通情达理了，爱死你了，明天就是再忙我也一定跟你一块儿回你家吃饭。”李飞激动地称赞着自己的老婆。“你才知道我好啊？娶了我你就是中大奖了，那是你几辈子修来的福气。”“那是当然了，你是我这辈子最大的幸福。”“不行，你今天欺负我了，作为偿还，你必须亲亲我、抱抱我才行呢！”话说到这里，王慧开始跟老公撒起娇来，这招用在李飞身上的确很受用，他赶快把小娇妻抱在怀里，亲吻着她的脸颊，抚摸着她的头发。

第二天一大早，王慧和李飞两口子就去了娘家，李飞因为妻子温柔贤惠识大体，买了很多礼物给老丈人，结果可以说是皆大欢喜。后来李飞也常常在外人前夸奖自己的老婆善解人意，自己能找到这样柔美的老婆真是太幸福了。

女人特有的武器就是温柔，哪个男人不害怕这样的“武器”呢？但也有很多女人忘记了温柔，她们虽然每天把家里的任务做得面面俱到，却因为坏脾气，来吆喝孩子和指责老公，这样的女人就不温柔。于是老公的心转移了，她又会拿自己的付出来说事，到头来却落得这个下场。然而自己没有意识到，这样的结果完全是由自己亲手造成的。身为女人，不单单要勤劳持家，还要学会和丈夫互相取悦，保姆、管家婆不是男人真正需要的，男人需要的是一个温柔、解人意的老婆。

有的时候婚姻就如一杯白开水，你放糖进去它就是甜的，你放醋进去它就是酸的，你放苦丁进去它就是苦的。得到幸福有的时候并不是那么困难的一件事情，关键就在于你怎么去经营自己的婚姻，调解你与老公之间的关系。出现矛盾也好，有了冲突也罢，只要你善于应用自己的温柔，就没有什么问题会成为真正的问题。夫妻是婚姻的主角，世界上很少有一个男人喜欢和一个讲话粗野、行为泼辣的女人长久地生活在一起。尽管抱得美人归是每个男人心中的梦想，然而并不是所有人都能如愿。作为一个女人，你可以没有倾国倾城的容貌，但你绝对不能失去面对男人时的体贴入微。有的时候，温柔的语调就是一根无形的绳索，它可以帮助女人牢牢地拴住男人的心。男人最讨厌的就是一哭、二闹、三上吊的老把戏，真正的好女人，更懂得如何经营自己的爱情，让我们用温声细语代替河东狮吼，用温柔的安慰代替满肚的埋怨。当你把最为美妙的声音、细致的言语给予老公的时候，自己也收获了温暖和幸福。

有时候，婚姻就是这样的，用温柔去赢得男人的心吧！只要你真的用心去做了，就一定能得到回报。当你用温柔把男人的“面子”“里子”都给足的时候，他也就乖乖成了你感情的俘虏，沉醉地靠在你身边，久久不愿离去。

沟通要从对方的角度出发

沟通是一门学问、一门艺术，夫妻之间想要增进彼此的感情，就必须依靠沟通这个重要的手段。

良好的沟通技巧可以让彼此保持良好的感情，增进彼此之间的了解，让夫妻双方在舒畅的心情中达成共识。

但是，需要我们注意的是：简单的“你+我=你+我”不能构成沟通，如果双方产生不了共鸣，最终结果只能是不欢而散。在夫妻相处的过程中，一般人常会抱怨、批评对方难以沟通；认为丈夫或妻子无法了解自己所想要的；认为对方无法理解自己的想法，因而产生诸多争执。

整个心思、注意力全集中在自己这里，却往往忘了站在对方的角度去替对方想想。在与对方沟通时，时常存在“我就是这样”“他为什么都这样”“他就是那样”等想法，在脑子里已经为对方设定好了标准。很多夫妻都会认为，既然已经是夫妻，就非得弄清楚对方的过去，在沟通中分享彼此的秘密，这种观点其实是错误的。如果你的诚实让对方听了之后更难过，这对你们维持夫妻感情是毫无益处的，有时候还会产生不必要的麻烦，让双方心里都不好受。

最常见的夫妻沟通困难是他们认为彼此不用说什么，对方就可以心领神会。我们经常见到的是夫妻关系基本感情是好的，但是总是在沟通上产生问题，从而让彼此的关系受到影响。

一对夫妻在恋爱阶段，看对方优点多；而结婚以后，在一起生活的时间长了，就会逐渐暴露出来很多缺点，矛盾也就会发生。

夫妻之间多些沟通才能将彼此的信息传递出来，让对方清楚发生了什么，双方共同面对所发生的事情，一起商量解决处理事情的办法。随时让对方知道你们之间的情谊，说出你的感情，这样你们的感情才能得到巩固。有时两人缺少沟通，对于自己的意见没有信心坚持，还有的夫妻双方一开口就掐上了，马上就变成了带有攻击性的吵架，没办法沟通，这常常与夫妻沟通混乱有关。因此在夫妻生活中，要注意说话的艺术，说什么、怎么说尤为重要。

我曾经看过这样一篇有趣的采访报道：一位最近刚上任的某大公司董事长称，他找到了清除心理紧张的方法。他说：“对我而言，我根本不用靠打高尔夫球之类的方式放松，我消除紧张的方法就是直接回家。为什么这样说呢？我回家以后，应和着我老婆和孩子们七嘴八舌的说话，虽然并没有完全听进，但我的紧张就消除了。在我看来，家庭就是放松身心的地方。”女人的闲聊可以让你的身心得到放松。

有时，在夫妻生活中，就对方的事业进行一些沟通往往会有意想不到的收获。

在某个聚会里，成功策划了一本畅销书的负责人为此而扬扬得意。这本书的销量真可以用“惊人”二字来形容，不管在哪个城市都占据了排行榜的第一名，他就靠着一本书进入了富翁的行列。

有人向他请教道：“您策划出这本畅销书的灵感源于哪里呢？”他的回答很叫人震惊。“没有啦！灵感源于我的太太，她才是真正的幕后英雄！她给我一些好的点子，因为她说时下流行卡通画，孩子们都喜欢电游。”

丈夫没有动脑子就搞出了一本畅销书籍。但是，他的情报是源于妻子，他才可以想出这么绝妙的图书策划案，而和妻子的沟通就变得尤为重要了。

听完这一席话，恍然大悟的我们细细回想一下，类似的例子还有很多。我们不必刻意效仿上述故事中这位主人公，不过，在开始新计划的时候，一定要和妻子商量。这并不是说要妻子想出什么奇思妙招，而是在自己已经做好的计划上，跟她分享一下，从她那里可以得出“新点子”。

对很多男人来说，只要妻子能做出反应就行。当时男人也许会想：“女人怎么连个反应都做不出来啊，真是急死人，干什么都怕这怕那的。”这反而可以坚定一个男人的意志和决心。当然，如果你们的意见完全一致，那就是最好的局面。不管怎样，还是照着自己的想法去执行，但你还是要说出来和妻子分享一下。男人的精神支柱往往就是女人的一句话。男人只是希望听到是或否，他们的信心正是源于这种“精神支柱”。

每个人的心里都有一个感知对方情意的“爱箱”，我们每天都要把爱放进这个“爱箱”中储存。除了要通过语言表达对对方的感激之外，举手之劳一样能让对方心生温暖之情，就像主动帮他倒杯水、削个水果等，我们容易忽略的地方就是老婆点滴的付出。

有时也要撒一点谎

有人说爱情是容不得半点欺骗的，两个人要彼此真诚，彼此信赖。然而现实有时候总是让我们感觉到它的残酷，直白的谈话方式往往让我们无法接受。有人曾经说过这样一句话："撇开道德，谎言是一种智慧。"之所以谎言被人们给予如此高的评价，是因为实话有时更伤人心，更不利于彼此的相处。生活中，经常能碰到一些善意而美丽的谎言，这些谎言构成了人生的另一种风景。它丰富了人们生活的情趣，使你与他的婚姻生活更为和谐，更为愉快和美满。

从很小的时候父母就教育我们说："要做一个诚实的好孩子。"岁数越来越大，时光流逝，我们已经由妈妈的孩子，成为了孩子的妈妈。这句话却深深印在了很多女人的心里。在大多数人看来，婚姻应该是没有谎言的，两个人要想长长久久在一起，首先就要做到彼此真诚。这话虽说不假，但有时候真诚的谎言也是很有必要的。它往往比实话来得更贴心，给人一种安定而温暖的感觉。

也许大家都认为，说谎是不良行为。但相处中，偶尔还是需要一些善意的谎言的。诚实不分场合，就会伤人伤己。不以利己为目的的谎言就是善意的，在适当的时候说出的谎言，饱含真诚和温暖，能让说谎者与被"骗"者共享欢愉。

你也许渴望拥有一段没有欺骗的婚姻，却不知道真实的谎言有时也是对自己的一种慰藉。如今这个时代，现实真的越来越残酷。当我们疲惫不堪的时候，真的希望能有一个人好好宽慰自己一番，哪怕他说的都是一些不可能实现的事情，却能带给自己一份满足。有些时候，真诚的谎言就是这么有魅力，它总是有着一股莫名的力量，即使让人知道自己受了欺骗仍然能够备感幸福、备感喜悦，甚至流下感动的泪水。

李梅和王海是经人介绍走到一起的，第一次见面的时候，他们相约在一家咖啡馆见面。两个人都很紧张，不知道说些什么，东拉西扯还是感觉没有什么共同语言，让李梅觉得坐在她眼前的这个男人一点特点都没有，看着王海通红的脸，李梅准备找个说辞离开。正当她想着如何开口时，王海却叫来了服务员说："您好，不好意思，能不能往我的咖啡里加点盐？"这句话引起李梅的好奇，她心想自己也不是第一回喝咖啡，从来没听说过往咖啡里加盐的。

于是李梅微笑着问王海："你怎么爱喝加盐的咖啡啊？""哦，我的家在南方沿海城市，小时候总是在海边玩耍，现在离开家已经很久了，却很迷恋家乡海水咸咸的味道。所以每次喝咖啡的时候我都有意往杯子里放点盐，聊以自慰，以解思乡之苦。"听了王海的一番话，李梅也想起了自己的家乡，自己已经在这个大都市奋斗了5年的光景，却很少回家。她忽然觉得这个男人是可以依靠的，他们都是恋家的人。于是两个人终于找到了闲聊的头绪，他们从自己的故乡谈起，又说到了自己现在的事业和理想，之后又聊到了彼此对人生的态度，时间随着咖啡店里复古的钟表滴滴答答地流逝，两个人聊得越来越投机，久久不愿散去。

就这样，王海和李梅经过一段时间的了解，正式确立了恋爱关系。李梅发现自己和王海竟然有这么多的共同点，很庆幸自己当初没有草率离去，不然可能会错过了这段美好的姻缘。他们仍然经常去那家咖啡馆聊天，每次喝咖啡的时候李梅都会主动要求服务员往王海的咖啡里放一点盐。

就这样他们终于步入了婚姻的殿堂，彼此相爱，生活也过得舒服惬意。李梅经常主动给王海煮咖啡，然后细心地撒上一点盐。直到有一天王海不幸得了不治之症，在他即将离去的时候给李梅写了一封信，其中有一段是这样写的：

我可爱的妻子，还有一件事情我必须向你道歉，那就是我并不喜欢喝加了盐的咖啡。第一次见你时我就被你的文静深深吸引，却不知道该怎样和你交流。眼看你有了去意，我开始着急了，所以就紧张地让服务员给我的咖啡里放点盐。本来是想缓和一下气氛，没想到我的这个举动，却帮助我们打开了话匣子。我曾经想过把事实的真相告诉你，可又怕你会生气，所以这种咖啡里加盐的生活就这样继续下去了，但是，我觉得我是这个天底下最幸福的男人。现在我要先走了，真的没有跟你过够啊！如果有来世，我还愿意跟你做夫妻，只不过，你一定要记得千万不要再往我的咖啡里加盐了。最后深深地向你道个歉，千万不要因为我欺骗了你而生气啊……

看了王海的信，李梅感动得泪流满面，想不到这个男人这样骗了自己一辈子，将加盐的咖啡喝了一辈子，为了这个不经意的谎言坚持了一辈子，可见他对自己的爱是多么深。尽管受了骗，李梅还是觉得很幸福，她自言自语道："来世我们还做夫妻……"

一个真诚的谎言，带给了李梅一辈子的幸福。尽管这个男人骗了她一辈子，却仍然让她备感幸福。这就是爱的谎言带给人与众不同的力量。它虽然并不是真实的，却让人听起来暖暖的。它让对方心甘情愿地被欺骗下去，并将这种欺骗看成是一段美丽的回忆，沉迷其中，久久难以忘怀。

如果说两个人相遇，爱了是一种偶然，那么走到一起，相互温暖就成为一种必然。谎言也许会让我们认为那是一种对彼此不忠诚的表现，却忘记了那些真诚的谎言带来的甜蜜。这种甜蜜可以转化成一种眷恋，当两颗心因为一句温馨的谎言碰撞出了爱情的火花，当一句暖暖的谎言在瞬间赶走了冬夜里的严寒，谁也抗拒不了那发自内心的幸福感，这种"欺骗"的力量，总是让我们爱得更炽烈。尽管那些话不是真实的，但对于真正感受到这种"被骗"滋味的人来说，一切都是温暖的、幸福的，真不真实已经不重要了。